TU ES LA SŒUR QUE
JE CHOISIS

D1677228

TU ES LA SŒUR QUE JE CHOISIS

Préface de Sylviane Dupuis
« Non pas que je sois féministe… »

Textes de
Mary Anna Barbey, Sylvie Blondel, Laurence Boissier,
Anne Bottani-Zuber, Anne Brécart, Céline Cerny,
Mélanie Chappuis, Odile Cornuz, Sabine Dormond,
Carole Dubuis, Chloé Falcy, Marianne Enckell, Heike Fiedler,
Ursula Gaillard, Claire Genoux, Marie-Claire Gross,
Marie-Christine Horn, Nadine Mabille, Annik Mahaim,
Anne Pitteloud, Amélie Plume, Silvia Ricci Lempen,
Mélanie Richoz, Antoinette Rychner, Marina Salzmann,
Isabelle Sbrissa, Aude Seigne, Stag, Yvette Théraulaz,
Lolvé Tillmanns, Laurence Verrey,
Fanny Wobmann, Rachel Zufferey.

Illustrations de
Léandre Ackermann, Albertine, Adrienne Barman,
Mirjana Farkas, Fanny Vaucher

Le Courrier
Éditions d'en bas
2019

Ce livre paraît avec le soutien de la République et canton de Genève, de la ville de Genève, de la Fondation Leenaards, de la Fondation Émilie Gourd et de l'Association des Autrices et Auteurs de Suisse. Nous les remercions de leurs aides.

Les Éditions d'en bas bénéficient d'un soutien structurel à l'édition de l'Office fédéral de la culture, Confédération Suisse, pour les années 2016 à 2020 ; elles bénéficient également d'un soutien à l'édition du Service des affaires culturelles, canton de Vaud et du Service des bibliothèques et des archives de la Ville de Lausanne, pour les années 2018-2020.

Lectorat : Isabelle Sbrissa
Mise en page : Éditions d'en bas
Couverture : Albertine

ISBN 978-2-8290-0600-5

SOMMAIRE

« NON PAS QUE JE SOIS FÉMINISTE… »

Sylviane Dupuis

…« Non pas que je sois féministe, bien au contraire, mais je trouvais intéressant d'expliquer un mot auquel on prête tant de versions différentes et contre lequel on a pas mal de préventions, faute peut-être de l'avoir bien compris »[1] : ainsi la poétesse et artiste peintre Marguerite Burnat-Provins se justifie-t-elle d'avoir donné, dans les dernières années du XIXᵉ siècle, une conférence « sur le Féminisme »… alors même qu'elle n'a cessé d'affirmer sa liberté et son droit à créer, refusant de se plier aux stéréotypes comme aux usages bourgeois, choisissant de mener sa vie selon ses choix et ses désirs, et choquant par son indépendance, – mais aussi menaçant par sa flamboyance la société vaudoise de son temps. Née à Arras, elle réside en effet quelques années à Vevey où elle a suivi son époux, après une formation de peintre à Paris, puis s'installe à Savièse où elle écrit des romans, peint et enseigne – avant de se prendre de passion pour un jeune ingénieur qu'elle épouse en secondes noces à presque quarante ans et qu'elle suivra en Égypte ; il lui inspire en 1907 l'audacieux recueil de poésie en prose *Le Livre pour toi*, qui fait scandale par sa sensualité amoureuse et la hardiesse avec laquelle une femme, mariée

---

1 Marguerite Burnat-Provins (1872-1952), citée par Catherine Dubuis, Préface à la dernière réédition du *Livre pour toi* (1907), Paris, La Différence, 2005.

qui plus est, y parle des étreintes physiques «sans voile et sans hypocrisie»[2].

Mais pourquoi ce refus de se considérer comme féministe («bien au contraire») par celle-là même qui incarne si bien un tel engagement par sa vie, son geste de création, et cette libération de la parole qui, mieux que tout (car la parole est le vrai pouvoir), en porte le défi?

Peut-être parce que créer n'est pas militer. Les deux gestes (l'un, d'affirmation de soi comme artiste singulière, créatrice à parts égales – idéalement – avec les hommes, et l'autre, de lutte pour affirmer et défendre les droits de toutes les femmes à la création, à la dignité, ou à l'égalité) peuvent *ou non* coïncider. «S'il y a revendication "féministe" chez Marguerite Burnat-Provins, elle est beaucoup plus dans son attitude face à la vie, dans cette volonté d'affirmation du moi, ce refus de se couler dans un moule, que dans son œuvre», observe Catherine Dubuis – même si «l'acte de création en soi», chez une femme de ce temps, peut déjà faire figure de «revendication d'une identité propre»[3].

Oser plus loin – s'inventer

Écrire, créer, ou agir, c'est faire exister ce qui n'était pas encore. Toute femme qui ose ne pas se contenter de faire des enfants (je parle de faire, non d'éduquer, ou d'aimer, ce qui à sa manière est une forme de création), c'est-à-dire de «suivre la nature»; qui s'avance plus loin, qui passe les frontières interdites, ou n'en tient pas compte, et fait ce qu'elle désire (ou sent qu'elle *doit* faire), léguant sa liberté et son audace, sa force d'invention, sa pensée ou ses mots à celles et ceux qui la suivent, produit de la libération pour tous: car c'est souvent faute d'exemple, faute d'y *croire*, ou

---

2 Henri Bataille, Préface à la deuxième édition du *Livre pour toi* (Éd. Jean Landru, Chamonix, 1947).

3 C. Dubuis, *op. cit.*

faute de se sentir légitimée par d'autres, que l'on renonce. Et l'on sait trop combien l'éducation reçue (et ses encouragements ou ses interdits, voire les jalousies et les rivalités inconscientes qui la soustendent) peut ici être déterminante, combien la timidité sociale des classes populaires identifiée par Pierre Bourdieu va de pair avec celle qu'on inculque aux femmes en les privant de confiance en elles et de force. Et combien – je l'ai moi-même éprouvé, et peu à peu seulement reconnu comme un cadeau immérité de la vie dont j'ai mis des années à prendre conscience – avoir une mère, une grand-mère et une arrière-grand-mère maternelles ayant consacré leur vie à une profession qu'elles avaient choisie et revendiqué d'exercer, jusqu'à l'âge de la retraite et au-delà, pouvait faire apparaître comme normal de les imiter. Et non seulement de les imiter : mais aussi, dans leurs traces, de faire autre chose qu'elles, en choisissant comme je l'ai fait, non la médecine, ou les soins donnés (le *care*, si communément attribué aux femmes, qui auraient pour « vocation » de soigner, de guérir), mais l'écriture, qui ne guérit de rien. Sans qu'on m'en ait jamais empêchée – par respect de ce qui me menait, fût-ce avec la demi-réprobation de qui ne comprend pas pourquoi l'on voue sa vie à quelque chose d'aussi « inutile » (ou plutôt de si dangereux, y compris pour soi) – que la littérature.

Se dire, se vouloir, ou admettre (parfois tardivement) de se reconnaître « féministe », dès lors, apparaît moins comme un principe de survie (et le besoin de *faire communauté* avec la moitié de l'humanité en opposition à l'autre), un réflexe victimaire, ou à l'opposé, un désir de prise de pouvoir (ce dont veulent se persuader tous ceux – et toutes celles – qui rejettent le féminisme par peur de perdre leurs prérogatives), que comme un *choix éthique délibéré* fait au nom de toutes : ces sœurs humaines dont on se sent solidaire et auxquelles on s'identifie, ayant pris conscience de l'injustice et de la disparité des chances comme des inégalités de traitement et de considération. Homme ou femme, on ne naît pas féministe, on le devient.

Sait-on qu'en Suisse même, où, quand je suis née, les femmes n'avaient pas encore obtenu le droit de vote, un écart de 18 % en moyenne sépare encore aujourd'hui leurs salaires de celui des hommes ? que même Isabelle Huppert, star française à la carrière irréprochable, avoue avoir été victime, en tant que femme, de différences ιe rémunération ? ou que, dans les quelque 14 000 restaurants du géant du fast-food éparpillés sur la planète, 42 % des employés, essentiellement des femmes, subissent – ou subissaient – un harcèlement sexuel quotidien utilisé comme arme par leurs supérieurs pour assujettir les travailleuses, ce qui a conduit en septembre 2018 – dans la mouvance de #MeToo – à une mobilisation internationale historique ?[4]

Du « nous » d'Alice Rivaz à la Grève des femmes : une révolution historique des mentalités

Ce paradoxal « déni de féminisme » de Marguerite Burnat-Provins s'explique aussi, sans aucun doute, par l'écart des générations. Née en 1872, elle pourrait être mon arrière-grand-mère, et l'arrière-arrière-grand-mère de cette génération de jeunes créatrices (écrivaines, auteures de théâtre, artistes…) nées dans les années 80-90 du siècle précédent, ou au tournant du troisième millénaire, et pour qui – chez nous du moins, et dans quelques pays d'Europe – « il n'y a plus de problème » ; mais qui doivent savoir que rien n'arrive jamais tout seul, que le réel est ce qu'on en fait, et que nul acquis n'est gagné pour toujours. Qu'elles doivent à l'engagement de celles qui les précèdent leur bonheur d'être libres, autonomes et

---

4 Source : Plateforme altermondialiste, Québec. URL : http://alter.quebec/metoo-un-mouvement-pour-les-travailleuses-aussi (site consulté le 9 juin 2019). Où il est rappelé que le mouvement #MeToo, lancé en 2007 déjà par Tarana Burke, aux États-Unis, n'a explosé qu'en automne 2017 « parce que c'est à ce moment que le mouvement féministe américain est en train de monter en flèche [après] la grande Marche des Femmes contre l'intronisation à la présidence des États-Unis du très sexiste Donald Trump, qui s'attaque aux droits conquis par le mouvement féministe. » : à quelque chose malheur est bon…

sans entraves (ou presque), que c'est un luxe neuf, et qui pourrait ne pas durer[5] sans l'effort continu, la volonté, la vigilance et la solidarité de toutes et de tous.

Chez une Alice Rivaz, en revanche, née une génération plus tard, en 1901, les deux gestes : écrire, et militer au nom du «peuple immense et neuf»[6] des femmes en train de se lever (mais dont l'absence est criante «dans les lettres actuelles», observe-t-elle en 1945, et cela, sans que personne n'en prenne conscience) ne font qu'un.

Absence des femmes du verbe, et lorsqu'elles s'en emparent, au lieu de le plier à leur féminité, c'est leur féminité qu'elles plient, broient, raidissent, qu'elles faussent, afin de la couler dans les formes traditionnelles du verbe masculin.

Prenons revues, journaux, livres, écoutons la radio! Comparativement à la place que tient la femme dans toutes les sphères de la vie et des sociétés modernes, son silence y est assez effrayant, presque total pour peu qu'on y prête l'oreille, ce qu'on ne fait jamais, tant on a pris l'habitude de la voix des hommes [...].[7]

Les femmes, observe-t-elle, sont «prisonnières de leurs impressions et de leurs vies profondes» : «Tout cela attend d'être dit.» Et dit *par elles-mêmes*, «qui jusqu'ici se sont si souvent tues»; mais aussi dépassé, transmué par la fiction; accédant à une forme, à une esthétique, c'est-à-dire à l'écriture. Et cet événement, «lorsqu'il

---

5   «Dès que les femmes apparaissent dans un métier traditionnel masculin, des voix s'élèvent contre la perte d'espaces masculins» observe Francis Dupuis-Déri, auteur de *La Crise de la masculinité. Autopsie d'un mythe tenace* (Paris, Éd. Remue-Ménage, 2019), qui constate aussi que «la masculinité est dite menacée depuis la Rome antique» et qu'il s'agit clairement d'une «rhétorique» ayant valeur récurrente de «cri de ralliement» en période de crise sociale, ou de guerre (*Le Courrier*, Genève, 11.02.2019, p. 12).

6   A. Rivaz, «Un peuple immense et neuf», texte publié en décembre 1945 dans la revue *Suisse contemporaine* et repris en 1980 dans *Ce Nom qui n'est pas le mien*, réédité aux Éditions de L'Aire, à Vevey, en 1998 (voir pp. 63 à 72).

7   *Ibid.*, p. 63-64.

se produira – car il se produira –, bouleversera l'orientation de la culture européenne», assure-t-elle.

La fille du militant socialiste vaudois Paul Golay mène de front, à Genève, sa vie de femme libre et célibataire, autonome et gagnant sa vie (au BIT), et une carrière littéraire où nombreuses sont les œuvres de nature ouvertement «féministe». Notamment son roman *La Paix des ruches*, paru en Suisse romande en 1947, deux ans avant *Le Deuxième Sexe* de Simone de Beauvoir en France, et qui s'ouvre par un provocant: «Je crois que je n'aime plus mon mari.» Car soudain (comme dans le conte d'Andersen «Les habits neufs de l'empereur»), le roi est nu. «Dévêtu» de son statut, de son pouvoir, soudain vu *par l'autre* – qui n'est plus seulement un personnage féminin imaginé par un écrivain (telle Emma Bovary par Flaubert), mais une femme écrivain donnant la parole, à la première personne, à une narratrice qu'elle nourrit en partie d'elle-même (ce qui déplace toute la perspective), l'homme est ici considéré non plus tant comme un *individu* médiocre (tel Charles Bovary aux yeux d'Emma), mais comme représentant de l'autre moitié de l'humanité regardée et jugée, à la fois, dans le contexte helvétique et romand des années 60, et de manière généralisante, du point de vue d'une femme «quand les écailles commencent à [lui] tomber des yeux»: «Parfois je me le demande: qu'avons-nous à faire avec de tels fous?» Commence alors, pour la narratrice, un apprentissage de soi, et de la solitude – mais aussi de l'écriture, qui suscitait les moqueries de l'époux et qui va la rendre à elle-même, la confrontant lucidement à ses rôles, à ses fuites, à la fois la construisant et la défaisant: «face à la virilité obtuse de l'époux selon la loi, celle qui dit Je, "l'esclave", prend conscience d'elle-même»[8] et de ce qui lui *manque* – tout comme de la complicité qui la relie aux autres femmes, commentait Marcel Raymond en

---

8 M. Raymond, Préface à *La Paix des ruches* (1947), rééd. Lausanne, L'Âge d'Homme, 1984.

introduisant, non sans empathie, ce roman à «la langue pointue» et qui «vise bien».

Depuis, elles se sont succédé, en Suisse romande, de Corinna Bille et Catherine Colomb à la génération de Monique Laederach, Anne-Lise Grobéty ou Amélie Plume, héritières directes d'Alice Rivaz. Et «actuellement, prend la plume qui veut»[9] observait Doris Jakubec en 1997.

Nous voici en 2019, à la veille d'une nouvelle Grève des femmes succédant à celle de 1991 (qui en avait mobilisé 500 000 au nom de l'égalité), succédant aussi à la Grève internationale des femmes de mars 2017 et au mouvement planétaire #MeToo, et censée incarner, le 14 juin, un geste *politique* (car si vivre en Suisse est un indécent privilège et si les femmes y ont déjà collectivement, quoique lentement et pas à pas, remporté bien des victoires[10], il faut aller jusqu'au bout quand on veut radicalement changer la donne). On a commandé pour l'occasion à une trentaine d'écrivaines, ou auteures, ou autrices vivant en Suisse romande un texte *littéraire*. Une parole de femme, pas forcément militante (car la littérature ne supporte pas qu'on l'enrégimente), mais portant «sur le sujet des discriminations liées au sexe».

Réinventer l'humain / réinventer l'amour

L'une d'entre elles, sollicitée, a «préféré décliner» au nom de «l'amour des hommes» – même si personne n'aurait songé à lui refuser un texte en témoignant: bizarre, que pour beaucoup, dont de nombreuses femmes, le «féminisme» qui n'est que parti pris

---

9 Dans son Introduction à *Solitude surpeuplée. Femmes écrivains suisses de langue française* (choix de textes), Lausanne, Éd. d'en bas, 1997.

10 Comme le rappelle Ruth Dreifuss, ex-présidente de la Confédération suisse (et artisane, avec d'autres, de la Grève du 14 juin 1991), dans un article de la *Tribune de Genève* du 7 juin 2019, p. 2: à savoir «la loi sur l'égalité, enfin en vigueur depuis 1996», l'assurance-maternité, après une «longue bataille», le droit du divorce et le nouveau droit matrimonial, et la 10e révision de l'AVS. (À quoi s'ajoute la légalisation de l'interruption volontaire de grossesse.)

pour une justice équitable, pour le respect de l'intégrité et la prise en compte des femmes, et pour un traitement égal accordé à tous sans distinction de sexe, rime presque *nécessairement* avec le rejet de l'homme, alors que ce qu'il rejette est la vieille structure de pouvoir patriarcale, la violence machiste et guerrière, l'exploitation des corps et le conformisme (ou les stéréotypes) de «genre», c'est-à-dire l'ancien monde... Ce qui ne fait guère avancer, ni ne clarifie les enjeux. Et quel dommage que ce texte manque, justement! Celui qui dirait, comme l'a fait Marguerite Burnat-Provins en son temps, le goût ou la passion de l'autre sexe, comme de la joie charnelle; *mais aussi* la solidarité avec les autres femmes. Et qui dirait que tous peuvent y gagner, à cette émancipation mais aussi à cette réinvention de l'humain, et peut-être de l'amour, qui ouvre à tous les possibles. Dans *La Paix des ruches*, Alice Rivaz cite à ce sujet, par le biais de sa narratrice, un texte du poète R. M. Rilke qui a clairement pour elle et pour son personnage (même sans y croire) valeur programmatique:

Un jour... la jeune fille et la femme auront paru dont le nom ne sera plus seulement le contraire de virilité, mais quelque chose en soi, quelque chose qui n'évoquera pas l'idée d'un complément, d'une limitatio ... Ce progrès transformera la vie amoureuse de nos jours si chargée d'erreurs (cela, tout d'abord malgré les hommes qui se sentiront dépassés); il la changera radicalement, l'amenant à être conçue comme une relation entre deux êtres humains et non plus entre l'homme et la femme. [...][11]

Le féminisme: une question de principe et d'éthique / la littérature: une question de forme, de langue, et d'imagination illimitée

L'invention littéraire ne peut pas plus se passer de l'imagination que du travail de la forme. Dans les textes qu'on va lire, où l'on

---

11 Cité par A. Rivaz, *La Paix des ruches, op. cit.*, p. 124.

croisera les genres d'écriture les plus variés (récit, chronique, conte, dialogue théâtral, monologue, «scénario», «montage»: poème et jeux formels), le meilleur, souvent, naît de cette identification à une (ou des) autre(s), de cette empathie qui suppose de *se mettre à la place* de l'autre pour *éprouver avec[12]*, et qui est l'un des ressorts majeurs de la littérature. Je pense, parmi d'autres, aux textes d'Ursula Gaillard, de Lolvé Tillmanns, d'Anne Bottani, de Marie-Claire Gross, de Silvia Ricci-Lempen, de Claire Genoux ou de Marina Salzmann :

Et moi, invisible encore, moi pas encore née, moi au-delà de la nuit, à l'autre bout de toute cette souffrance et de toute cette mort à venir, c'est comme si je prenais Etty [Hillesum] dans mes bras.[13]

Tout est possible à l'imagination. Simplement, dans le cas des femmes écrivains, et ce n'est pas rien, l'expérience du corps (et de ce qu'il lui arrive de subir), ou celle de la procréation, le cas échéant, diffère du vécu des hommes. Le sujet qu'aborde avec délicatesse le texte de Céline Cerny : l'examen gynécologique (au même titre que l'avortement, qu'évoque le texte d'Anne Pitteloud), aucun homme ne peut en avoir fait l'expérience. Si la honte est un sentiment universel (lire Rousseau !), si l'abus, l'humiliation ou la douleur physique endurés renvoient toutes les victimes aux mêmes émotions, l'expérience concrètement vécue de la honte (tout comme de la jouissance) varie selon le corps et le sexe ; et les hommes n'accouchent pas… Est-ce, dès lors, *le corps de la langue* qui diffère :

Je sens que ma parole se forme dans mon corps de femme […]. Que cette parole est située. […] Qu'elle […] ne peut donc être exempte d'une influence biologique[14]…

---

12 Ou «compatir» : de *cum-pati*, en latin : souffrir, éprouver avec. D'où la *compassion*, issue avant tout de l'identification à l'autre et du fait de pouvoir *imaginer* ce qu'il vit, ou se le représenter… toutes qualités qui sont bien sûr fondamentalement requises du romancier/de la romancière, de l'auteur.e de théâtre, ou du poète quand il ne s'enferme pas dans une subjectivité ou un lyrisme «romantiques».

13 M. Salzmann. Voir plus loin, p. 72.

14 *Ibid.*, pp. 69-70.

Ou plutôt, de cas en cas, la relation que la langue entretient pour chacun.e avec le corps, la mémoire, les pulsions et l'inconscient – mais aussi avec l'image de soi et ce qu'elle induit du rapport au monde, et aux autres? Vaste question.

En revanche, je crois fermement que ni la forme (l'élaboration esthétique, le «style»), ni la pensée, ni la capacité cognitive ni l'inventivité humaine ne sont «genrées». Chacun, chacune, peut emprunter à tous (ou à toutes) les autres et user de la même manière de son intelligence, de sa sensibilité ou de son imagination; et je vois la littérature comme LE chemin qui, à terme, fera se rejoindre (et, idéalement, se comprendre ou se reconnaître?), par le détour de l'imitation, des emprunts, des effets de miroir, comme de l'assimilation de la parole, du savoir, de l'expérience et de l'écriture des autres, toutes les formes d'humanité possibles. À terme il se pourrait que «l'écriture féminine» ou «l'écriture masculine» ne signifie plus rien…

Mais au fur et à mesure que la vie avance et qu'on gagne en lucidité et en expérience (et donc en décentrement) – en connaissance, aussi, des trajectoires et des conditions de vie d'autres que soi, ailleurs dans le monde, ou tout près, c'est cette exigence d'équité, c'est cette *question de principe* de l'égalité des chances, et des droits, qui fondent le féminisme, dont on doit bien reconnaître qu'elles sont loin encore de l'avoir emporté.

Même ici, en Suisse ou en Europe. Ailleurs, bien moins encore, souvent de manière quasi désespérante, comme si le moindre pas gagné ne menait inexorablement qu'au retour de bâton et à la répétition du pire. Et l'on sait que la guerre, depuis toujours, partout, a fait du viol son arme la plus «naturelle». De cette violence infligée aux corps des femmes, Yvette Théraulaz (qui est aussi comédienne) témoigne ici avec colère et force:

Ils ont fait de moi un trou
Comme une terre béante
[...]¹⁵

L'humour comme arme, et la jubilation d'écrire

«C'est quand nous sommes victimes que nous élevons la voix» observe la narratrice (ou, derrière elle, la romancière) de *La Paix des ruches*... Là était le risque: de susciter, en sollicitant des textes portant sur les discriminations, un discours victimaire, manichéen, ou un peu pesamment didactique, plutôt que de véritables objets littéraires. Mais l'écueil a été déjoué, tantôt par l'humour (Amélie Plume, Annick Mahaim, Laurence Boissier) ou le ludisme formel (Isabelle Sbrissa), tantôt par la finesse psychologique, la force poétique, ou encore la jubilation d'écrire et d'inventer, de repousser à l'infini les limites du réel:

La femme écrivain doit [...] se prendre pour Dieu et se mettre elle-même au monde dans la solitude et le silence de sa chambre d'écriture. [...] Dans sa chambre d'écriture elle a besoin d'inventer, de dévorer un monde. [...] Le monde auquel elle donne vie, elle en porte à la fois la paternité et la maternité. C'est jubilatoire.¹⁶

Dans ce temps de désespérance et d'effondrement généralisé qui est le nôtre, réaffirmer les pouvoirs de la création, de l'invention du nouveau, et la force agissante de la joie, me semble tout aussi urgent que de se refuser à la résignation en matière d'injustice, quelle qu'elle soit, en se mobilisant collectivement.

---

15 Y. Théraulaz. Voir plus loin, p. 107.
16 Cl. Genoux. Voir plus loin, pp. 63-65.

Fanny Vaucher

DEPUIS QUE JE SAIS ME METTRE EN QUATRE

Annik Mahaim

1. Les enfants adorent quand je viens les chercher à l'école en Catwoman, mercredi à midi. IL FAUT QUE je prenne absolument ce bus pour arriver à la sonnerie de fin des classes. Ils déboulent tous en criant dans la cour de récréation, les miens se jettent dans mes bras, je leur tends aussitôt leurs tenues d'EnfantsChats (combinaison en fourrure tigrée, oreilles pointues, moustaches).

On bondit de balcons en faîtes de villas vers la forêt. De cime en cime, de cabriole en gambade, on atteint miaou le grand chêne. On se juche sur sa fourche pour pique-niquer. Le mercredi, je suis laxiste, voire irresponsable : chips, cervelas, chocolats. On joue à chat perché dans les frondaisons en miaulant à qui miaule-miaule. On chasse. Miam-miam, et si on faisait ce bon petit merle à la broche ? Les oiseaux s'égaillent en se moquant de nous. On n'est pas bons à la chasse. Alors on construit une cabane. On imagine qu'on aurait une vache pour nous faire du lait. Elle s'appellerait Minette, elle vivrait avec nous dans les arbres. On la caresserait beaucoup, on lui enlèverait pas ses cornes. Quand il commence à faire sombre, on se glisse dans la maison par la lucarne du grenier, hop ! Je me sens tellement joyeuse quand j'ai le temps de jouer avec eux. À pas de velours, on entre dans la cuisine pour un verre de sirop, on chipe des biscuits, on se met Tom & Jerry à la télé en attendant le souper.

2. Ils ont fixé l'entrevue mercredi après-midi, malgré que le syndicat a tenté de faire cesser cette pratique. Brink a fait trop de bêtises à la tête du service de la sécurité informatique. Avec mon ancienne expérience de hackeuse, je suis l'ingénieure la plus compétente pour le remplacer, je l'étais d'ailleurs déjà à sa nomination. J'aime mon boulot, je veux devenir responsable de l'équipe. Deux enfants, une adulte : on vit à trois sur mon salaire, j'ai besoin de sous. N'OUBLIE PAS de relire tes arguments sur le post-it.

L'aréopage masculin chargé d'évaluer ma candidature me reçoit d'un air ostensiblement soucieux. Renonçant à mon look ordinaire de Lisbeth Salander, je suis en tenue de combat professionnel, tailleur pantalon strict, corsage blanc impeccable (sorti de mon armoire de vestiaire il y a cinq minutes, sur moi les corsages, contrairement aux vêtements magiques des héroïnes de séries US, se plissent et se tachent), chignon sur la nuque, léger maquillage, zéro piercing, zéro mèche rouge. Ça me donne l'impression d'ÊTRE À LA HAUTEUR. Empêcher la boule qui monte dans mon estomac de m'essouffler. RESPIRE, RESPIRE. Comment ils font les mecs pour bluffer, quand ils ne connaissent rien à un sujet sur lequel ils pérorent ? Comment je fais moi, alors que je maîtrise mon métier, pour m'affoler comme ça ? YES I CAN. Sortir de mon autisme ordinaire. Pas oublier d'évoquer le dossier Vaush.Ink, dans cette affaire j'ai été indubitable, expliquer comment je pense remotiver l'équipe, stimuler la créativité des collègues, travailler moins hiérarchiquement (ne pas insister sur ce point qui pourrait les déstabiliser). Je passe deux heures à PROUVER QUE JE PEUX LE FAIRE. Pied à pied. Il y a une semaine que je prépare chaque argument. Des faits, des faits. Ils semblent se rendre à l'évidence. Je glisse encore, comme une donnée allant de soi, « avec le

même salaire et les mêmes avantages que Brink, on est d'accord»
- sur le coup, ils semblent avoir croqué un citron. Cette impression
d'avoir exagéré, d'être trop zarbi, de faire l'emmerdeuse. À 16h49
ils concluent : Madame Salander vous avez conscience que ce poste
demandera une flexibilité maximale, pouvez-vous vraiment garan-
tir cela avec votre situation familiale, me disent d'un ton important ces messieurs, qui ont tous des enfants, donnons-nous, à vous
et à nous, un délai de réflexion.

Je sors fracassée de colère. S'ils ne me nomment pas, je les hacke
sérieux, je leur pourris total la vie sans qu'ils sachent pourquoi ni
comment. On verra ça plus tard, J'AI JUSTE LE TEMPS d'attra-
per le bus pour rentrer à l'heure du souper.

3. CE SERAIT GENTIL d'aller voir maman à l'hôpital, le
mercredi après-midi il y a toutes les visites en famille, elle pourrait
se sentir seule à être seule. Mais j'attends qu'elle n'ait plus le
respirateur pour emmener les enfants, c'est trop impressionnant.
L'autre problème, c'est que l'hôpital est loin. TU POURRAIS
FAIRE UN EFFORT. Je consulte mon téléphone : en ce moment
un accident bloque l'autoroute, s'y ajoute une panne CFF «due à
des raisons techniques». Aha. PAS DE SOUCI JE GÈRE ce genre
de petits ennuis, en tant que Lara Croft. Marathonnant à travers
champs, franchissant grâce à d'adroits jetés de cordes les gorges de
molasse, me propulsant de pylône en pylône, sautant par-dessus
les routes, triomphant des rivières grâce à mon puissant crawl, me
voilà dans le hall de l'hôpital à peine ébouriffée.

Étant peu vêtue (minitop, microshort, holsters de cuisses), je
sors de mon sac des vêtements convenables pour ne pas inquiéter
maman. Elle repose sur son lit, pâle mais délivrée de ses tuyaux.
Je lui ai apporté un flacon de son Chanel No 5, je l'embrasse avec
précaution, ma maman chérie, ma fragile, ma force, ma seule
maman, mon cœur, reste avec nous je t'en supplie. Je me sens
tellement triste, tellement alarmée. Nous conversons une heure

en souriant, elle me montre combien elle va mieux, combien sûr elle va guérir, je lui montre combien je la crois. Elle sort dans trois jours, je viendrai la chercher. À samedi alors ma chérie. IL FAUT JUSTE ENCORE QUE JE tente de rentrer à l'heure du souper.

4. Or p :ndant ce temps à la maison, le frigo reste vide, l'armoire de la salle de bain dépeuplée, la boîte *Urgent – À régler* remplie d'ultimatums administratifs. J'ai une monstre LISTE DE COMMISSIONS à exécuter si on veut continuer à manger, à se brosser les dents et à téléphoner, par ici. Aucun problème, je m'appelle Lakshmi, déesse de l'abondance et de la gestion matérielle avisée (sous-titre suisse-romand : SuperÀBonneEntendeuse.) Revêtue de mon sari rouge, un de mes bras poussant mon caddy, un autre saisissant les produits, le troisième brandissant une loupe, le quatrième déroulant sur mon téléphone la liste de toutes les choses BonnesÀSavoir, je fais mes courses. J'amasse pour toute une semaine des victuailles aussi saines, délicieuses, authentiques qu'économiques : SansSucresAjoutés SansColorants SansConservateurs ni E3017, en ActionMaisBio (tout en évitant, dans les produits d'hygiène, aussi bien l'Hydrotoxicomerdiol que le Nanopipideglysulfite). Quand mes armoires sont redevenues dignes d'une Lakshmi, je liquide mon périple administratif au moyen de mes quatre combinés de téléphone (si votre appel concerne votre numéro d'appel, tapez 1, si…) JE VAIS Y ARRIVER. Car ce faisant je fais valser les factures, jongle avec les formulaires scolaires, les petites lettres de conditions générales, les contrats sensés & judicieux. À peine un de mes bras a-t-il écrit un mail, qu'un autre répond au téléphone où enfin une voix s'adresse à moi (à la suite de vingt-trois minutes de Mozart grésillant), tandis que je colle d'une troisième main un timbre, tout en buvant mon chaï. J'adore. Bien entendu je parviens à TOUT TERMINER POUR L'HEURE DU SOUPER.

Voyez-vous, depuis que j'ai trouvé comment me mettre en quatre, mes mercredis après-midi fonctionnent à merveille. Il suffit de se quadrupler. Ce soir IL N'Y A PLUS QU'À FAIRE LE SOUPER, coucher les enfants, leur lire une histoire.

Et ma vie amoureuse, me direz-vous ? Ah. Hmmmf hemhemfmhh, bonne question. Depuis mon divorce elle n'est pas bien animée. Je cherchotte un amoureux sur internet (médiocres succès). Bon, une confidence : ce soir, je me dédouble. Tandis que Catwoman ronronne dans la chambre de mes enfants endormis, j'envoie Wonderwoman à un rendez-vous de visu avec un correspondant. Mon armure dorée pigeonnante et mes beaux cothurnes devraient faire un peu d'effet. J'espère. C'est que JE DOUTE TELLEMENT DE MOI.

LES OIES SAUVAGES

Anne Brécart

Au petit matin de ce mois de mars, j'ai entendu les oies sauvages survoler l'immeuble dans lequel j'habite un appartement au dernier étage. Dans mon demi-sommeil, je les entendais cacarder et je m'imaginais pouvoir comprendre ce qu'elles disaient. Le lendemain en allant au travail, j'ai vu les lignes souples et sinueuses qu'elles traçaient sur le ciel opalin de cette matinée. Parfois c'était un V conquérant, parfois une ligne presque horizontale que dessinait leur voyage. Je me suis dit que j'aurais aimé être une oie sauvage, étirer mon long cou, déployer mes ailes brunes et blanches et laisser derrière moi tout ce qui me pesait : habitudes, travail, soucis.

Les journées qui ont suivi le départ des oies ont été ensoleillées et chaudes. La neige sur les montagnes proches fondait à vue d'œil et l'air était rempli des douces explosions des bourgeons éclatant sous l'effet de la chaleur. Le printemps bruissait, s'affairait avec tant d'énergie que je pouvais l'entendre même en ville, même parmi le bruit des voitures.

Le vendredi soir, à la sortie du travail, nous avons décidé de faire un tour à vélo le lendemain matin. Le temps serait idéal pour faire cette promenade avec mes collègues de bureau bien que l'idée de mélanger travail et vie privée ne me plaise pas. Mais depuis que mes enfants étaient partis, je n'avais plus vraiment de vie de famille et étais reconnaissante de me retrouver avec un groupe de gens que je connaissais depuis longtemps.

Je n'avais qu'à suivre les autres et cela me rassurait. Ils avaient depuis longtemps l'habitude de rouler ensemble. Robin décidait de l'itinéraire qui nous mènerait à travers la campagne, empruntant un parcours idéal, évitant les montées trop raides et le trafic. Nous serions, à notre manière, un banc d'oies sauvages qui traverserait le pays.

Les arbres, le Jura et les champs encore nus étaient comme recouverts d'une poussière claire et lumineuse. Je suivais les cyclistes qui roulaient devant moi. Notre petit groupe n'échangeait que les informations utiles à notre promenade. « Tournons ici, prenons cette route. Vous n'êtes pas trop fatigués ? Alors continuons par là. » L'air était frais et l'effort agréable, la course à vélo me donnait l'impression de voler, je me sentais en sécurité, suivant avec confiance les silhouettes devant moi. Mais il me semblait qu'il manquait quelque chose à cette douceur d'une mystérieuse banalité. Ou plutôt que quelque chose s'écoulait du paysage, le rendant imparfait, l'amputant de sa plénitude. Quelque chose guettait, menaçant, terrible.

Notre promenade devait durer jusqu'en début d'après-midi et nous avions prévu une halte en fin de matinée pour nous reposer. De l'endroit où nous nous étions arrêtés, nous apercevions au loin une étendue de forêt que nous devions traverser avant de revenir en ville. Robin me proposa une boisson isotonique et, pendant que les autres cyclistes bavardaient entre eux, je me suis allongée sur l'herbe jaunie et sèche qui crissait sous le poids de mon corps.

Un souffle froid m'a sorti de ma torpeur. Autour de moi on s'agitait, il fallait y aller au plus vite, le temps avait brusquement tourné, Robin s'excusait comme s'il était coupable d'une négligence pendant que des bourrasques rendaient notre avancée difficile. Le ciel s'était couvert à une rapidité surprenante, la poussière charriée par le vent nous fouettait le visage et nous rentrait dans les yeux. Il devenait difficile de rouler, fini le sentiment de voler, là nous nous forions péniblement un chemin dans l'air opaque. Quelqu'un dit : «Allons dans la forêt où nous serons au moins à l'abri du vent.» La pluie s'est mise à tomber. La lumière jaune et inquiétante nous enveloppait complètement. Je fermais à demi les yeux pour éviter les gouttes qui, maintenant, tombaient si dru que j'avais de la peine à voir la silhouette devant moi.

J'étais trempée, et me réjouissais d'arriver à l'abri des arbres où nous pourrions nous arrêter en attendant que passe le gros de l'averse.

Mais dans la forêt le vent agitait les cimes et faisait siffler les branches, ce qui m'a surprise car je m'étais attendue à du silence. Heureusement il devenait plus facile de pédaler et de garder les yeux ouverts. C'est à ce moment que je me suis aperçue que j'avais perdu les autres. Pourtant j'étais sûre de n'avoir vu qu'une seule route rejoindre la forêt, les autres n'avaient pas pu pédaler beaucoup plus vite que moi. La seule explication que je pouvais imaginer était qu'ils avaient trouvé un abri et que j'allais les retrouver dans un instant.

C'est pour cette raison que je n'ai pas hésité lorsque j'ai vu la maison sur la gauche de la route. Elle était un peu en retrait, un chemin d'accès y menait. Je n'entendais aucune voix, ne voyais aucun vélo mais peut-être étaient-ils passés par l'arrière ou, mieux encore, les habitants les avaient-ils fait entrer. Le chemin d'accès était détrempé, je glissais dans cette terre noire tout en essayant d'éviter les flaques. Le groupe n'était pas à l'arrière, restait donc l'intérieur de la maison.

J'ai décidé de frapper quelques coups avant d'entrer. La maison n'était pas fermée à clé mais dans la pièce qui s'est ouverte devant moi il n'y avait personne. Cela sentait les pommes et les biscuits, des bouquets de roses séchées pendaient des poutres au-dessus d'une grande table en bois. Sur la cuisinière, deux casseroles dont j'ai soulevé les couvercles d'un geste machinal comme pour en vérifier le contenu. Je n'ai pas osé m'asseoir dans mes vêtements de sport mouillés mais j'avais froid, alors je me suis mise à aller et venir dans la cuisine, puis j'ai poussé une porte menant dans une chambre de séjour où deux canapés se faisaient face entourant une table basse jonchée de journaux, de revues, de livres.

La table basse, les étoffes colorées sur les canapés me rappelaient quelque chose ; les journaux étaient les mêmes que ceux que nous lisions en famille, lorsque j'avais encore une famille.

Pendant que j'y étais, j'ai décidé de pousser la prochaine porte pour découvrir la chambre à coucher des enfants qui, elle aussi, m'avait l'air familière. Un lit superposé, des habits d'enfants qui traînaient un peu partout sur le sol et les chaises. Un bureau en bois avec des tiroirs qui ne fermaient plus, tellement il y avait d'objets à l'intérieur. N'étais-je pas entrée d'innombrables fois dans une chambre identique, excédée à l'idée de devoir ranger ?

L'intérieur de la maison aurait pu être chez moi, il me paraissait étrangement familier comme si j'étais déjà venue ici alors que j'étais certaine de n'avoir jamais mis les pieds dans cette maison. Mais en revenant lentement sur mes pas, j'ai compris que partout il y avait des meubles, des objets, des odeurs qui me rappelaient les lieux où j'avais vécu avec mes enfants.

J'avais déménagé trois fois, chaque fois après une rupture et chaque fois en réinstallant les mêmes meubles dans un espace différent. Chaque fois, j'avais cru recommencer une nouvelle vie, forcément meilleure, pour me retrouver aujourd'hui trempée jusqu'aux os dans une maison inconnue mais qui me paraissait si familière.

Je suis retournée dans la chambre des enfants, me suis baissée pour ramasser les t-shirts, les shorts et pantalons que j'ai pliés l'un après l'autre et posés en piles sur le lit. Le silence était total et à l'intérieur de ce silence il y avait la voix de mes enfants, leurs cris, leurs rires, leurs pleurs. Le silence contenait aussi le bruit de leurs pas, les portes claquées ; le silence avait même le pouvoir de faire apparaître leur silhouette comme je ne les avais jamais vues. Car lorsque nous vivions ensemble, je ne les avais pas vus comme je les voyais aujourd'hui et je ne les avais pas aimés comme je les aimais maintenant. Je me suis demandé où les petits enfants avaient disparu. Ceux qui ne voulaient plus descendre de l'arbre parce que le bateau était encore en haute mer et que personne ne descendait dans l'Océan sans se noyer. Ceux qui ne voulaient pas sortir de leur cachette parce que le loup rôdait aux alentours. Ces êtres si étranges, si lointains qui, maintenant dans le silence, me fixaient depuis le passé.

UN TOUT PETIT UTÉRUS

Céline Cerny

J'ai quinze ans, j'entre dans la maternité. Le bureau à gauche, celui qui reçoit les jeunes filles, est vert et blanc. Vert chirurgien, blanc infirmière.

Assise les jambes serrées, je remplis un formulaire sur un coin de table qu'ensuite je tends à la femme en face de moi. Elle me demande à quelle heure a eu lieu le «rapport» et pourquoi j'ai besoin de la pilule du lendemain.

Je mens, je ne dis pas qu'il était trois heures du matin, que je n'ai pas osé demander au garçon de mettre un préservatif. Je ne dis pas que de toute façon je n'en avais aucun, que tout s'est passé très vite et que j'ai pensé qu'il n'y avait rien d'autre à faire. Il fallait y aller, c'est tout. J'imagine ces linges blancs qu'on met autour des verres pour les briser sans bruit.

Avec un certain aplomb, je dis : «Le préservatif s'est déchiré.» Jamais je n'ai rencontré quelqu'une à qui c'est arrivé, mais tout le monde dit ça alors.

Sans me regarder, la femme me tend une plaquette avec trois minuscules comprimés. Je glisse le premier entre mes dents et j'écoute attentivement les consignes : prendre le deuxième après six heures – possibles nausées – revenir nous voir si on vomit les comprimés – faire un peu plus attention la prochaine fois.

La femme se lève et me conduit dans une salle d'examen où il faut se déshabiller derrière un paravent: «Ne gardez rien, même pas la culotte, et enfilez la blouse, le médecin ne va pas tarder. »

Pieds et mains glacés, je m'assieds sur la chaise en plastique incurvé en tenant les deux pans de la blouse ouverte à l'arrière, pour que la peau de mes fesses ne touche pas la matière froide. J'attends, à la fois soulagée jusqu'à l'ivresse et vaguement humiliée. Quand le médecin arrive, il est suivi par cinq jeunes hommes en blouse blanche; chacun porte un sous-main et un stylo. Je m'allonge sur la surface dure recouverte de papier et je serre les dents. Une fois couchée, je ne parviens pas à voir si d'autres personnes entrent dans la pièce dont la porte en face du lit est restée entrouverte.

J'étends mes jambes nues que le médecin écarte doucement. Il se penche en enfilant des gants de latex dont le claquement sur sa peau me fait frissonner. Et le doigt de l'homme entre dans mon vagin.

– Allons détendez-vous Mademoiselle, sinon on ne va jamais y arriver.

La douleur est moins vive que je craignais, même si son doigt qui se recourbe et appuie à l'intérieur de moi, contre une paroi, me soulève le cœur un instant. Je prends une grande respiration, je regarde le plafond, le plafond comme si je pouvais avec mes yeux percer la matière pour atteindre le ciel.

Le ciel…

– Voilà c'est mieux comme ça. Voyez comme c'est facile quand on fait un effort. Oh, mais vous avez un tout petit utérus.

Le médecin tourne la tête vers les jeunes hommes muets et répète:

– C'est drôle, elle a un tout petit utérus.

Le médecin retire son doigt, ôte les gants qu'il jette dans une corbeille et tend sa main vers moi. «Au revoir Mademoiselle, et on espère ne pas vous revoir n'est-ce pas? »

D'un air entendu, il me donne une petite tape sur la cuisse et sourit. Les autres lui emboîtent le pas. Je n'ai pas desserré les dents. Une seule chose compte pour moi en cet instant : c'est terminé.

Un à un j'enfile mes vêtements sur ce corps qui m'appartient à peine. Frôler mes jambes, mes hanches avec mes mains me fait du bien, le coton de ma culotte sur ma peau est une caresse, chaque couche supplémentaire une arme face aux vents contraires.

Tout recouvrir absolument, endosser ma honte, courber l'échine un peu, prendre mon envol un peu. Et poursuivre mon chemin à l'aveuglette.

AU RETOUR

Odile Cornuz

E LLE RENTRAIT DE LA FÊTE. Il était tard. Elle n'habitait pas
si loin du centre-ville. Elle portait des chaussures à talons.
Sous ses semelles, des confettis rouges et bleus se collaient et se
décollaient à intervalles irréguliers.

Elle avait bu. Elle avait parlé fort pour se faire entendre. Des
sousaphonistes ivres l'avaient bousculée, au-delà de la conscience de
leurs corps augmentés de cuivre et de souffle épais. Elle avait pris
un rouleau de printemps en début de soirée et des churros un peu
plus tard, histoire d'absorber l'alcool. Elle s'était abrutie au coin des
auto-tamponneuses – non, elle n'avait pas envie de se faire secouer.
Elle avait un peu dansé avec ses copines du bar brésilien Elle avait
fait le test des paupières closes. Quand ça avait commencé à trop
tourner alors qu'elle fermait les yeux, elle avait avalé une gaufre au
chocolat. Elle regardait les autres se déhancher sur les pavés et se
donner des claques dans le dos. Elle en avait eu marre, tout à coup,
de ces corps penchés les uns sur les autres, des saisissements divers,
des tapes sur les fesses, des embrassades et des hurlements. Le gras et
la bière exhalés par le sol l'avaient soudain dégoûtée ; il était temps de
rentrer. Elle n'avait dit au revoir à personne. De toute manière c'était
une soirée dédiée à l'oubli – aux oublis de toute sorte.

À travers la foule, elle avait marché vite. Elle s'était énervée :
cette masse tentait de la retenir, comme si cet amas de corps se

dotait d'une conscience adverse. Aurait-elle le goût d'y replonger le lendemain ? Elle avait promis – mais qui tient toujours ses promesses ? Non, elle n'irait pas. Elle passerait une soirée à ne rien faire. Elle s'ennuierait un peu, rangerait peut-être une armoire, boirait du martini et grignoterait des cacahuètes, zappant parmi la nullité des programmes du samedi soir. Elle dirait qu'elle est malade, rien de grave, un gros mal de tête, un début de crève, des microbes que les autres n'ont pas envie de partager. Elle siroterait sa soirée dans ses coussins, ouvrirait peut-être les factures de la semaine et même répondrait à des mails. Elle se sentirait certainement seule, voire abandonnée, mais ce ne serait qu'une détresse passagère, vite remplacée par un goût de liberté dû à la résistance opposée à tous ceux qui allaient à la fête parce que. Mais pas elle.

Elle se frayait un passage afin de retrouver les rues qui s'échappent du centre. Elle se sentait parfaitement lucide à présent. D'avoir décidé qu'elle ne remettrait pas les pieds dans cette atmosphère lourde et futile, que la pression du mec d'à côté ne se renverserait pas sur ses cuisses, qu'elle échapperait à la saoulerie sociale – ces pensées-là avaient subitement pompé l'alcool de son sang. Elle serra son sac sous son bras droit. Son bras gauche poussa les corps devant elle, imposant son passage. Elle y était presque. Elle contourna la file des crêpes, dépassa la foule agglutinée devant le dernier bar. Elle accédait enfin à l'espace désencombré, soulagée au-delà de toute mesure, sous les arcades. Son pas résonnait sec.

Puis, moins aride, son clac-clac se doubla d'un écho. Elle n'avait pas envie de se retourner. Elle accéléra. L'écho également. Derrière elle diminuait la rumeur de la fête. Devait-elle faire volte-face et courir, comme si elle regrettait quelque chose, vers la foule grisée ? Comme si elle avait oublié d'embrasser quelqu'un ? Impossible. Elle ne pouvait pas revenir en arrière, pas après les pensées qui l'avaient traversée, pas après ce soulagement d'échappée belle, cette supériorité ressentie à s'extraire de la masse des corps oublieux. Elle se persuada qu'elle n'avait rien à craindre. Elle n'était pas la seule à marcher dans cette rue. C'était normal. Elle n'était pas la seule à quitter la fête – ça se faisait à chaque instant, par des individus constitués comme elle de pieds chaussés qui se mouvaient à n'importe quel rythme. Elle n'allait pas faire une remarque à quelqu'un qui empruntait le même qu'elle, même derrière elle, même trop près d'elle. C'était peut-être une femme qui avait aussi eu son comptant de fiesta et se réjouissait de se déshabiller, de prendre une douche après avoir secoué ses sous-vêtements poissés de confettis dans la baignoire. Voilà tout. Elle poursuivit, vite et droit. Elle verrait bien en bifurquant dans la ruelle perpendiculaire. Elle retrouverait certainement le silence aimé de cette heure de la nuit. Elle pourrait alors ralentir l'allure et respirer profondément, voire ramasser un marron à serrer au creux de sa paume.

Mais dans la ruelle les pas se faisaient toujours aussi insistants. Il fallait qu'elle se retourne – mais c'était si difficile. En poursuivant elle refusait le danger. Elle était la plus forte. Elle n'avait pas peur. Elle n'avait pas peur. Elle n'avait pas peur. Elle se retourna. Ce n'était pas une femme. L'individu fixait le sol en maintenant l'allure. Il ne devait pas être saoul – sinon les dix minutes à ce rythme soutenu l'auraient déjà découragé. Il y eut tout à coup moins de place dans sa poitrine, comme si l'espace du diaphragme (un parapluie inversé, image du yoga, étrange, pas envie d'avoir un parapluie plus ou moins ouvert à l'intérieur du tronc) comme si cet espace-là se rétrécissait sans considération pour son besoin accru de souffle à ce moment précis. Parapluie, respiration abdominale, lâcher-prise – elle allongea sa foulée. Elle courait presque, derrière elle toujours l'écho flippant. Elle concentrait sa pensée hors d'elle, comptait les voitures garées au fur et à mesure de leur dépassement, notait leur couleur. Elle n'était plus très loin de la maison. Il fallait monter sur la gauche, parcourir le dernier bout droit et voilà. Ce serait trop bête de se faire coincer par un mec malintentionné. Elle devrait peut-être crier, stopper net et attendre le choc puis déchaîner toutes les forces qui lui restaient. C'était peut-être une épreuve, un événement à vivre, un mythe fondateur dans sa vie de femme, voire un moment capital dans l'histoire de l'humanité : dominer son agresseur. Parapluie, ouvre, ferme, voiture rouge, expiration… Elle y était presque – trop tard pour faire face. Elle bifurqua brusquement et traversa la rue, courut carrément, gravit les marches, composa le code et poussa la porte, qu'elle referma vite. Elle n'alluma pas la lumière. Elle vit passer sur la rue un homme inexpressif, pressé peut-être. Connard, dit-elle à mi-voix, le cœur rompu.

POUR MA MÈRE
27 avril 1927 – 2 août 2018

Silvia Ricci Lempen

Après la tourte nuptiale, le champagne et les dragées, les mariés ont fait leurs adieux et se sont éclipsés. Le trajet était long, surtout en ces temps sans autoroutes, de Rome à Rapallo, sur la côte ligure, première étape de leur voyage de noces. Sont-ils partis en voiture ou en train ? Ce détail m'a échappé dans le récit fait par ma mère, un jour que nous regardions de vieilles photographies, et maintenant il est trop tard pour le vérifier. Ce qui est certain, c'est qu'avant la réception elle avait enlevé sa longue robe blanche pour revêtir une *tenue de voyage*, un tailleur prince de Galles avec une veste cintrée et une jupe étroite au-dessous du genou. C'était le 27 décembre 1950, elle avait vingt-trois ans et dans ses yeux en amande l'ardent dévouement, et le trouble aussi, de l'amour. Elle partait pour une vie nouvelle, la vraie vie, qui allait commencer quelques heures plus tard, avec la vision de son mari en caleçon, dans une chambre d'hôtel de Rapallo.

Le passé est dense comme le mercure, il circule lentement dans nos veines, de lui il est illusoire de faire table rase. *Je n'avais qu'une aspiration, rendre papa heureux.* Quand ma mère s'est mariée, elle a arrêté de travailler et a remisé sa licence universitaire avec les vieux papiers dont on n'a plus l'usage. Elle a appris à repasser impeccablement les chemises d'homme et s'est acheté, ou a reçu, un livre de cuisine où figurait le schéma d'un bœuf avec les dénominations des différentes parties de son anatomie – savoir indispensable pour réussir certaines recettes. En rangeant ses affaires après sa mort, l'été dernier, j'ai trouvé un poudrier que mon père doit lui avoir offert pour un de leurs anniversaires de mariage. Il est rond, en argent et finement incisé de motifs de volutes et de feuillages. J'essuie le petit miroir, pas nettoyé depuis longtemps – il a gardé l'image de sa beauté sacrificielle.

Un voile de poudre, une touche de rouge à lèvres, vite appliqués avant l'arrivée des invités. Les *ossibuchi* finissent de mijoter, la table est mise avec l'argenterie bien lustrée, elle a même le temps de se vernir les ongles et de rester quelques minutes les mains en l'air, tout en jetant un coup d'œil au journal – une maîtresse de maison bourgeoise et diplômée, figure idéale des Trente Glorieuses finissantes, est quand même censée savoir de quoi on parle, si à table quelqu'un, en mangeant son *ossobuco*, lance la conversation sur l'*Ostpolitik* de Willy Brandt. Le passé mue, ses écailles changent de couleur, mais c'est pour mieux te séduire, mon enfant.

Je pense à ma mère, à sa splendeur sérieuse, à son oreille morale absolue. Vers la mi-quarantaine, après le départ des enfants, elle a eu le courage de se remettre à étudier et de prendre un poste dans l'enseignement public; elle est devenue une professeure de français à la fois structurante et inspirante, comme l'a raconté une ancienne élève quand nous avons pris congé d'elle, dans le temple laïque du cimetière historique de Rome; mais son salaire, c'étaient des pièces en chocolat, lui avait signifié le vrai gagneur de la famille: *je n'en veux rien savoir, tu t'achètes ce que tu veux avec.*

Mon père a été, trente-quatre ans durant, son aiguille du Nord, le seul arbitre du sens de sa vie. À sa mort, elle a renoué avec la musique et les livres, les voyages, les spectacles, sa liberté de libellule. C'était un peu tard, elle avait cinquante-huit ans, mais elle a été tenace dans son absence de regrets. *Non, tu te trompes, je ne me suis pas sacrifiée. C'était par amour. Je l'aimais, et il m'aimait.*

L'Éternel Féminin est un jeu de société dont le succès perdure depuis l'origine du monde, version Courbet ou version Goethe qui, quelques décennies plus tôt, avait pris la chose par son bout céleste – *l'Éternel Féminin nous attire vers le haut* (une intéressante synthèse se trouve chez Jacques Chessex, qui voyait Dieu entre les cuisses des femmes). Il n'est pas bon que l'homme soit seul, ça a commencé avec la Genèse et ça continue sur Option Musique avec les bramements de Johnny : *Oh, Marie, si tu savais Tout le mal que l'on me fait Oh, Marie, si je pouvais Dans tes bras nus me reposer.*

Je me souviens d'un disque 33 tours de chansons populaires américaines qu'on nous avait acheté, à mon frère et à moi, pour nous familiariser avec la langue anglaise. J'écoutais, le cœur en compote, la mâle imploration du cavalier étoilé de *High Noon* : *Do not forsake me, oh my darling, on this our wedding day… I do not know what fate awaits me, I only know I must be brave… I'm not afraid of death, but, oh, What shall I do, if you leave me ?* J'appris ainsi que le verbe to *forsake* veut dire abandonner, que le *wedding day* est le jour du mariage, que *fate*, c'est le destin, et surtout que tout homme a besoin d'une femme à ses côtés pour l'admirer et le soutenir dans ses mortelles entreprises. Mais ça, je le savais déjà, depuis les comptines de l'enfance : Malbrough, s'en allant en guerre, a au moins le réconfort de se dire que Madame, guettant son retour, à sa tour monte si haut qu'elle peut monter.

Je réécoute la chanson de *High Noon* sur YouTube. J'avais oublié cette expression, *my fair-haired beauty* (peut-être parce qu'elle m'agaçait, étant, moi, noiraude ?) et je me dis qu'elle a dû percoler dans l'inconscient de Joël Dicker, épris comme on le sait de culture américaine, quand il a conçu le personnage de Nola. C'est l'histoire d'un écrivain tourmenté par une panne sèche d'inspiration créatrice. Entre dans sa vie une douce et blonde jeune fille, de quinze ans sa cadette et jolie comme un cœur, qui s'avèrera, par la suite, disponible pour lui faire des cafés et taper son manuscrit… Ah, ça suffit. Ça suffit. Ça suffit.

Ça ne suffit pas, l'Éternel Féminin résiste mieux que les neiges éternelles, les gaz à effet de serre ne lui font ni chaud ni froid. Regarde, *mammotto* chérie, je vais te montrer un truc que dans ton optimisme de féministe néophyte (car tu disais l'être devenue, sur le tard) tu n'avais à coup sûr pas remarqué, pas plus que ces hordes d'égalitaristes candides réclamant la tête d'un producteur de Hollywood. Tu vois, dans le roman, il y a cette gracieuse Nola – mais à côté l'auteur a mis une mère juive rébarbative. Recto verso, c'est comme ça que ça marche. Tire une autre carte : la maman et la putain. Encore une autre : la vierge et la sorcière. Une dernière pour la route ? La ménagère et la mégère. Le jeu fait un tabac depuis des millénaires, parce que les hommes par nature aiment la variété, disait un guide touristique tunisien, fâché que Bourguiba ait interdit la polygamie. J'aurais voulu sauter du car, mais il roulait trop vite.

Le passé infuse dans le présent, nous barbotons dans ce jus lourd, surtout la nuit, quand les défenses cèdent, les lois, les discours limpides, chiffrés, sur l'avenir, et remontent du fond les désirs. Cela a été dit de toi, dans le cimetière du Verano, où les arbres sont aussi vieux que les tombes, et vice-versa : *elle a beaucoup aimé et a été beaucoup aimée.*

ZONE FRANCHE

Ursula Gaillard

« Spreken sie Teutsch ? » demande-t-elle. Flanquée de ses deux enfants, elle pousse timidement la porte d'une permanence citoyenne régionale pour réfugiées et personnes migrantes. Elle se présente : Fikryie. D'un geste explicite de la main, elle évoque son interminable périple en « Zickzack » à travers plusieurs pays depuis une lointaine patrie en feu. Dans les contrées qu'elle a arpentées en zigzaguant, on s'est adressé à elle en allemand.

Ah, le zigzag ! Je lui montre les images que nous propose Wikipédia à la rubrique « Zigzag » sur mon téléphone portable. Précieux point de zigzag qui empêche le bord des tissus de s'effilocher et permet d'en relier deux morceaux sans les superposer. Elle me fait comprendre qu'elle est couturière avec les quelques mots d'allemand glanés sur son parcours. Je pourrais lui prêter une machine à coudre. Pour l'heure, elle aimerait que j'écrive pour elle une lettre au Service de la population. Tout en parlant, elle maintient ses deux fillettes sanglées contre elle. Deux sentinelles campées de part et d'autre de son corps prématurément voûté, cousues à ses flancs au point droit renforcé. Je leur tends une feuille de papier et des crayons de couleurs. Elles pourraient dessiner.

Au premier mouvement vers ce matériel séduisant, Fikryie rappelle ses gardiennes à l'ordre. Elles n'ont pas le droit de s'écarter de leur mère. Ce sont ses anges, elle a besoin de ses enfants pour

être là, pour poser une question, elle n'ose pas les lâcher de peur
qu'on la renvoie à l'homme qu'elle a fui. Fikryie ne crie pas, elle
se met à trembler dès que l'on tire sur le fil d'acier qui la relie à ses
« Fittiche », ces ailes-soldats qui la protègent et l'abritent, croit-elle.
Elle n'arrive pas non plus à laisser ses filles partir à l'école, le matin.

J'ai envie de la brusquer. La secouer, la réveiller enfin. Pose donc
ta peur. Après une année passée ici, dans un abri précaire, provisoire et bruyant certes, mais loin du tortionnaire, loin de sa voix,
de son sexe, de sa perfidie et de l'impunité dont il bénéficie là-bas,
au pays, oui, pose ta peur. Elle ne peut pas. Entre elle et moi, c'est
le fossé. Elle jette alentour un regard épouvanté, s'absente dans
un passé d'effroi éternellement présent. Nous n'appartenons pas
au même continent. Et pourtant… J'ai mal à sa vie, dit quelque
part Charles Juliet. Pas à la sienne seulement, me dis-je. Le débit
saccadé de Fikryie réveille en moi le souvenir tapi en embuscade
d'un père solaire caressant les ailes d'un cygne sur une grève, le
dimanche, et celui d'un père ténébreux pointant son pistolet d'or-
donnance sur sa femme, la nuit, au paroxysme d'une dispute.

*

Le thé est prêt. Il fait très beau ce soir. C'est l'été. Nous papotons.
Sybille évoque un voyage entrepris il y a fort longtemps. Passionnée
par la littérature russe, elle a lu au moins trois fois *Guerre et Paix*.
Elle a visité quantité de contrées slaves, et ne s'est jamais déplacée
sans son chat. Elle a même été hébergée par le gardien de la maison
natale de Tolstoï, grâce à son кошки, oui, qui passait alors la
frontière avec elle sans encombre, en train, répète-t-elle en russe
à l'intention d'Aymani, la Tchétchène à l'ample chevelure noire
qui nous a apporté des pirachkichs. Avec ton кошки? Aymani
n'a pas lu Tolstoï mais elle a connu la guerre, elle parle la langue
de l'oppresseur et aime les chats. Elle se met à raconter comment
son propre кот l'a suivie, le jour où elle a fui Grozny avec ses trois

enfants, comment elle a dû le chasser pour qu'il retourne auprès de leur babouchka. Comment son mari a disparu après avoir convoyé des insurgés dans son taxi, qu'elle n'a plus de nouvelles depuis deux ans, que Berne veut la renvoyer en Pologne, la livrer à l'hostilité rencontrée dans ce pays par où elle a transité avant d'arriver en Suisse.

Depuis qu'elle nous a confié l'histoire de son chat et de son mari, Aymani revient fidèlement tous les jeudis en nous apportant un timide mot français de plus. Nous le retournons dans tous les sens ensemble. Ce soir c'est «ventre», j'ai mal au ventre, oui, … живот. Puis tout à coup, d'un ton déterminé, une affirmation grave en russe que Sybille me traduit: «Je ne veux plus d'enfants. Trois fils, ça suffit.» Nous ne posons pas de questions. Nous lui donnons l'adresse du planning familial.

Son mari est réapparu, dira-t-elle plus tard, il l'a appelée. Elle ignore encore s'il a fait de la prison ou s'il était parti se réfugier chez une autre femme, dans la montagne, après son convoi fatidique. L'un et l'autre peut-être. Toujours est-il qu'il sera bientôt là. Elle ne se réjouit pas.

Les semaines et les mois passent. Aymani ne revient pas.

Un jeudi de février, la porte de la chapelle s'entrouvre sur une silhouette méconnaissable: Aymani, vêtue d'une robe couleur marron, le visage enserré d'un voile noir.

Quand ma grand-mère est morte, en 1967, mon père m'avait interdit d'assister à l'enterrement si je ne m'habillais pas de noir de la tête aux pieds. J'avais vingt ans. Je l'ai défié crânement en arborant une jupe marron derrière le corbillard.

«Aymani, qu'as-tu fait de ta jeunesse?»

«Devant vous, je peux», dit-elle après avoir refermé la porte. Elle prend place, retire l'épingle de son hijab, laisse couler ses beaux cheveux sur ses épaules et soupire: «Au moins je n'aurai plus d'enfant.»

*

Arrive Sa' a, belle comme une reine. Elle a été malade et pose sur la table une pile de courrier en souffrance : questionnaires, semonces, avertissements et autres commandements de payer. Avec elle, pas besoin de logiciel de traduction. Il suffit d'un rien pour remédier à cette baisse momentanée de vigilance paperassière. Il est bien loin, le matin où l'énigmatique Saba a sauté du premier étage afin d'échapper à la déportation vers l'Italie. Loin aussi le temps des gâteaux partagés pour fêter l'obtention d'un livret N, puis, des années plus tard encore, le permis tant espéré de séjour B, sésame pour trouver un emploi.

Saba a désormais un job et ses enfants sont grands. Au service forcé d'une caste d'officiers, elle a été violée, a pris la fuite, traversé un désert, franchi plusieurs frontières et toute une mer avant d'arpenter les rues de Rome, en quête d'un travail et d'un toit. Un parcours évoqué par bribes, au fil des jeudis soirs, sans insistance. Une Saba ne se plaint pas. La seule peur qu'elle évoque encore est celle de l'eau. Jamais elle n'apprendra à nager.

Le privé est politique, martelions-nous dans les années septante. Son privé à elle porte l'uniforme. Qu'avons-nous en commun, Saba et moi ? Quel lien entre la contrainte dictatoriale et un oncle aux mains baladeuses ?

Un coin de table et quelques chaises où affûter notre résistance. Au détour d'une remarque sur la couleur du ciel, parler de ce pouvoir abusif qui pèse, que nous portons en nous, qui nous durcit et dont nous abusons à notre tour en le retournant parfois contre nos enfants. Une rencontre incertaine entre celle qui écoute et celle qui raconte. J'écoute, tu écoutes, elle écoute, nous commençons à nous entendre. Une aventure qui se joue sur des années, entre un premier mot, puis un second, jusqu'à la phrase entière. Elle bientôt rompue à la routine d'un quotidien, moi dans le désir farouche de faire front.

LA QUESTION QUI TUE

Anne Pitteloud

– Et toi alors, c'est pour quand?

Nous y voilà. LA question. Elle continue, me regardant en souriant, alors que ma sœur allaite son petit dernier et que les enfants de mon frère gambadent dans l'herbe autour de nous.

– Ça ne vous donne pas envie, tous ces bébés?

– Non.

Elle se tait, surprise et un brin gênée. «Pas pour l'instant en tout cas.» Je m'étonne à chaque fois du manque d'imagination des gens – des femmes, puisque ce sont elles qui me posent ce genre de questions. Et si Vincent et moi essayions d'avoir un enfant en vain depuis des années? Et si lui ou moi étions stériles et en plein questionnement existentiel sur nous, seuls et ensemble, sur notre vision de la vie, nos projets d'avenir et notre finitude? Ou si je venais de vivre une énième fausse couche, et qu'on était engagés dans un long et douloureux processus de procréation médicalement assistée qui mettait notre couple à rude épreuve? Mais non, la question est toujours posée avec une candeur agaçante, comme une évidence: à passé trente ans, en couple stable, qu'attendez-vous pour procréer?

Je jette un regard à Vincent qui boit une bière avec mon beau-frère un peu plus loin. C'est la mère de ce dernier qui vient de s'introduire dans notre intimité. À présent, elle s'est tournée vers ma sœur pour gazouiller avec le bébé. Plus loin, ma mère pose la tarte aux pommes du goûter sur la table recouverte d'une nappe qui semble bleue sous l'ombre du grand parasol. «Avoir des enfants n'est pas un gage de bonheur, il y a mille autres manières de s'épanouir», me dit-elle toujours.

Ces dernières années, frères et sœurs, cousins et cousines, amis, tous se sont mis à pouponner. Finies les folles soirées et les escapades improvisées, les randonnées en groupe joyeux. Notre entourage changeait de rythme et de priorités, Vincent et moi nous sommes retrouvés un peu seuls sur notre planète. Il a commencé le saxo, j'ai écrit mon premier roman, nous avons dansé le tango dans les festivals de toute l'Europe et traversé l'Amérique latine. Réalisé nos rêves et rencontré d'autres électrons libres. J'ai vu mes amies englouties par les tâches du quotidien, s'épuiser à tenter de réussir l'impossible et frustrante *conciliation* entre vies familiale et professionnelle. Oui, mais il y a aussi cet amour, cette relation unique, le miracle d'accompagner un être qui s'éveille au monde...

Mes nièces et neveux à présent se goinfrent de tarte et le brouhaha a laissé place au silence de la gourmandise. Je croque dans la pâte tendre, debout à côté de la table, un peu en retrait. Derrière les têtes blondes ou grisonnantes, les hautes branches balancées par le vent jettent des taches de soleil mouvantes sur le poulailler. Plus loin, le verger est en fleurs. La maison de mon enfance respire le calme, le jardin est une caresse rassurante. Au loin, l'arc des collines dessine un berceau familier.

Vincent, lui, n'a jamais à se justifier.

En réalité, je n'ai jamais concrètement rêvé d'avoir des enfants ; jamais je n'ai joué à la poupée ni ne me suis imaginée en mère. Au contraire, je n'aime pas les mères : des femmes qui se sentent grandies par ce nouveau pouvoir valorisant et ne parlent que de leurs gamins, se racontent au parc leurs accouchements, les défis de l'allaitement puis les soucis d'éducation, lisent des ouvrages sur la question dans une quête de modèles et de perfection, se confient des soucis domestiques, ménagères à la routine fatiguée, dépossédées de leur temps, engluées dans un quotidien répétitif aux horaires rigides. Ce n'est pas moi, ne le sera jamais. Je ne peux pas être mère et être moi. Ce serait comme me marier en robe blanche, travailler dans une banque ou porter un tailleur : jouer un rôle.

Ni ma mère ni mes amies ne sont ainsi, pourtant, mais c'est une image repoussoir.

À l'ombre de la terrasse, mon père sort la grande volière où quatre couples d'inséparables volettent dans de furtifs battements d'ailes. Aussi loin que je m'en souvienne, nous avons toujours vécu avec ces oiseaux. Les soirs d'hiver, mes parents ouvraient leur cage et ils se posaient sur nos bras ou nos épaules pendant que nous mangions ou lisions sur les canapés. Leur plumage rouge et vert luisait dans l'éclat des bougies, j'aimais caresser les petits corps aux os pointus. Les femelles pondaient presque chaque année, nous aurions pu démarrer un élevage. Je m'approche de la grande structure de métal pour glisser une brindille entre les barreaux blancs. Petula s'amuse à la pincer de son bec recourbé. Je ne sais même plus si elle descend du couple d'origine.

J'aimerais être un homme pour avoir tout le temps d'être prête, je me sens toujours si adolescente. J'avais vingt ans, j'étais étudiante et rêvais d'être écrivain quand je suis tombée enceinte. La question de le garder ne s'était pas sérieusement posée. Même si ça n'avait pas été facile d'interrompre cette grossesse, il ne s'agissait pour moi pas encore d'un enfant, juste de quelques cellules, et j'avais la vie devant moi…

Le goûter fini, les petits se précipitent vers le champ en shootant dans le ballon, entraînant les hommes dans leur élan. Les équipes sont formées par tirage au sort et Vincent tout heureux engage la balle, marqué aussitôt par Anja aux couettes sautillantes qui agrippe le bas de son t-shirt dans son zèle rieur. Tandis qu'autour de la table les discussions portent à présent sur le bébé, je tire une chaise longue jusqu'au bord du terrain et m'y allonge pour suivre distraitement la partie. Le vin me rend paresseuse.

L'été dernier, une amie de ma sœur, croisée deux fois seulement, m'avait posé la même question, tout sourire elle aussi.

– Tu es l'aînée, ça n'est pas trop dur pour toi de ne pas encore avoir d'enfants?

– Oui un peu, j'avais bafouillé, prise de court, m'en voulant aussitôt de montrer cette faille à une quasi inconnue. Perfide derrière ses longs cils.

À l'époque, je vacillais. Les regards posés sur moi me semblaient attendris par la pitié et me renvoyaient une image d'échec et d'anormalité. Les stars s'affichaient enceintes sur papier glacé, affirmant que la maternité était la plus belle chose qui leur soit arrivée, bien au-dessus de leur carrière. Est-ce que je n'allais pas regretter de ne pas avoir d'enfants, une fois qu'il serait trop tard? L'échéance approchait. Être mère, est-ce un vrai choix ou une capitulation face à la pression sociale? J'aurais *voulu vouloir* des enfants, ne savais plus ce qui venait de moi, ce qui m'était imposé. Je me voyais vieillir seule, amère de regrets, tandis que Vincent coulerait des jours heureux en famille avec une femme plus jeune. Ce cliché me hantait, alors qu'au fond je ne craignais pas la solitude et fourmillais de projets où un enfant n'avait pas sa place. «C'est avec toi que je veux être, me disait-il. Je n'ai pas besoin d'être père, mais si pour toi c'est important, je te suivrai.» Et puis l'angoisse s'était peu à peu dissoute dans le tourbillon des jours intenses. J'ai peu le temps d'y penser, au fond.

Des cris de joie me tirent de ma rêverie. Mon frère a marqué un premier goal. À ce moment, je sens une main se glisser dans la mienne et la serrer.

– Tu viens?

C'est le petit Gaël, qui veut dessiner.

– Non, pas tout de suite…

Je caresse ses cheveux doux. Sa mère s'est-elle posé autant de questions? Il n'insiste pas, mais revient un peu plus tard m'offrir son dessin. «Je tem», a-t-il écrit en vert, de grandes lettres biscornues au-dessus d'un bateau entouré de poissons volants. Il le pose sur mon ventre puis se glisse contre moi sur la chaise longue, enfonçant ses genoux pointus dans mes côtes, et nous restons là, tranquilles, à regarder le match.

ROCK & ROLL STAR

Fanny Wobmann

Quand vient le temps de muer comme un animal, vient l'envie de fuir aussi comme un animal. Là où il faut perdre quelque chose pour se gagner soi-même, pourrait-on dire, la peur archaïque ne fait pas défaut. J'avais peur.

Un couple est une bête en mouvement, tant que le mouvement fait partie de la bête il y a de la vie, s'il n'y a plus de mouvement, c'est E m p a i l l é.

Douna Loup, *Déployer*

Pour comprendre le début, il y a toi, il y a lui, il y a votre enfant, puis lui. Il y a les attentes et les envies, il y a les autres, il y a toi, la fatigue intense, les mots indisponibles, les pressions, il y a ton corps, il y a toi. Mais tu te noies.

Entre deux marées, il faut respirer.

Alors tu cours.

Tes mains glacées, la musique tonitruante. Tu vas trop vite, ta poitrine se creuse, chaque foulée, une délivrance. Le trottoir est étroit mais il te donne l'espace nécessaire. Un tout petit lieu qui te suffit. Pour décharger. Rage. Frustration.

Dans tes écouteurs : *does anybody know what we are looking for.*

Tu ne peux pas fuir, tout lâcher, sans te retourner. Il y a son visage, ton enfant, son visage tout rond, inlassablement, il tente de se faire sa place. Sa douceur. Elle te cloue dans l'instant présent. Alors seule, tu peux l'être dans cet effort soutenu, dans ce paysage qui se dessine selon ton rythme à toi, qui finit par t'appartenir.

Et libérée?

C'est une question de volonté, ça doit être une question de volonté.

Tu t'approches du lac, les voix profitent de l'étendue.

La phrase d'une amie un jour dans un bar, tu dois avoir seize ou dix-sept ans,

tu n'es quand même pas très rock & roll.

Et celle qu'on te dit tout le temps,

ce n'est pas possible que ça ne marche plus, vous êtes mon couple modèle.

Ce qu'on te demande, c'est de ne pas merder, pas tout gâcher.

Le rôle de la méchante.

Ça devrait te faire rire.

On te dit aussi qu'il faut t'occuper de toi, t'aimer toi-même, mais jamais on ne t'a appris à faire ça.

Tu es belle. Maman, tu joues avec moi? Tu penses à quoi?

J'ai besoin de toi, je ne peux pas faire ça tout seul. Je désire chaque centimètre de ton corps, depuis si longtemps et de plus en plus.

Tu es belle.

Tu joues avec moi?

Tu rentres quand? J'aime que tu m'obliges à réfléchir. Tu joues avec moi?

Je sais que je peux aimer plusieurs personnes en même temps. Je crois.

Je ne comprends pas pourquoi c'est si compliqué.

Je vais travailler sur ma jalousie.

Je ne crois pas que je voudrais t'aimer comme avant. Je t'aime comme maintenant.

Le lac est foncé et les nuits t'envahissent, *no man in the world is big enough for my arms*. À la fin de l'été, emballée dans une couverture sur un balcon tout petit, séductrice experte, c'est ainsi que tu seras qualifiée, tendrement, sans accusation, sans hésitation non plus.

Ces mots-là, tu en fais quoi ?

Tu cohabites.

Avec les multiples versions de toi.

Cette nuit-là, forcément, résonne un peu plus fort que les autres. Elle s'agite. Peut-être que sans elle tu n'en serais pas là, tu dois bien lui accorder ça.

De toute façon tu n'as pas le choix.

Tu le penses vraiment ? Où est-elle, alors, cette volonté que tu invoques ? Si ce n'est pas un choix, c'est quoi ?

C'est un balancement, un rythme, des centaines de bras qui te soulèvent et dansent avec toi.

Il y a le feu, cette nuit-là. Et il y a les odeurs.

Le saule. Tu t'arrêtes sous ses branches dorées.

C'est bizarre les odeurs.

J'ai envie de toi. J'ai envie que tu sois heureuse. J'ai envie d'un deuxième enfant. J'ai envie de toi. J'ai envie d'être heureuse.

Tu veux être libre, pars alors.

Tu es tellement belle. Tu fais chier.

Je ne peux plus rien te promettre. Je peux juste te dire que là maintenant, à cet instant, j'ai envie d'aller marcher avec toi, d'aller me baigner avec toi, de te raconter ma journée.

Ce n'est pas vrai qu'il suffit d'attendre que le temps passe, que la clarté se fasse. Il faut bien les gravir, ces heures, ces minutes, ces secondes, parce que tu dois les arracher à ce que tu as perdu, à ce que tu vas perdre, ce que tu n'auras jamais, à tous tes espoirs, ces semaines, ces mois, ces années, tu n'en auras pas d'autres, ne pas tout détruire, construire, gravir la pente, habiter les secondes, être là, revenir à tes journées d'avant, tout entière et y croire, y croire au noins un peu, mais la pente, la pente encore, tu arrives sous les voies ferrées et un train passe sur le pont, il te fracasse la tête.

Maman, toi tu le trouves joli, papa? Pourquoi tu l'aimes?
Fais un p'tit sourire maman!
Le rire de ton enfant, son rire tout rond.
Bien sûr que tu l'entends,
ce rire-là,
exploser dans ton dos alors que tu cherches ton souffle.
Être une mère.
Chaque jour.

Où commence le sacrifice, où se poursuit l'effort. Où se gagne l'envie?
Qui es-tu, en fait. Qu'est-ce que tu fais de tout ce que tu as oublié.

Tu regardes tes pieds frapper l'asphalte. Tes mains désormais chaudes.
Ces rues que tu tentes d'habiter, *look at you now, so wild and free.*
Tu croises ta voisine, tu entends ses cris du dimanche soir, chaque semaine elle met son ex-mari à la porte, la claque derrière lui en hurlant. Chaque semaine il revient.
Ce qui surgit alors, c'est ta sœur, il y a deux jours, qui t'annonce qu'elle se marie, ta prof de théâtre, il y a des années, qui s'étonne que tu sois toujours avec le même garçon, ça ne tiendra pas, tu verras, être artiste et rester toute ta vie avec la même personne, c'est

impossible, ta grand-mère qui s'inquiète de ce que tu as cuisiné pour ta famille, ton amie qui t'avoue tomber amoureuse tous les mois, celle qui te raconte ses crises d'angoisse et murmure au téléphone que la solution, peut-être, alors, c'est de ne rien avouer, de tout cacher, de vivre ce que je dois vivre en secret, mais je me sens déjà tellement coupable, ta tante qui te demande quand tu vas être maman et qui te dit que tu te poses trop de questions.

Le moment où vous décidez de faire un enfant ne te revient pas, le souvenir de celui où tu lui annonces que vous allez en avoir un est précis. Vivace. Comme le bien-être et la confiance absolue qui accompagnent ta grossesse.

Tu penses aux vieilles photos de tes parents, trouvées dans une boîte au fond d'une armoire, et glissées dans ton carnet, tes parents qui traversent les âges ensemble, pour de vrai, tu te demandes ce que ton enfant fera des vieilles images de toi,

où il les glissera,

ce qu'il y verra.

Les mains que tu aimerais pouvoir serrer, de toutes tes forces, et lâcher à ta guise, des caresses volées, un soir après avoir dansé, cette peau qui t'attire, tu as l'impression que c'est vers elle que tu vas,

que toute autre destination est impossible,

son visage dans tes cheveux, la pluie dehors, acharnée, le chat qui se frotte à vos jambes, il apaise un peu vos tristesses, vos terreurs.

La douleur que tu causes.

Le plaisir qui explose.

Ton enfant qui essaie de s'endormir dans la petite chambre. Sa main qui touche ton visage dans le noir pour vérifier que tu es toujours là. Elle sent le feu, la neige fondue et l'huile d'olive. Ses doigts sur tes paupières.

Son nez contre le tien, ses pommettes, ses lèvres toutes mouillées sur tes oreilles, dans ton cou, ses yeux rigolent, ils sont immenses.

Son odeur à lui, elle s'imprègne de la tienne et vice-versa, deux êtres qui s'alimentent l'un l'autre, depuis le début,
il est pourtant distinct, il t'échappe à chaque instant,
pour se confondre avec ta chair celui d'après.

Tu ne réponds pas. Mais cette question est fondamentale.
Tu es qui? Tu peux être tout ça à la fois? *We shall live again, shake out the ghost dance.*
Tu te sens vieille.
Et tu te sens à peine inventée.
Tout ce sur quoi tu n'as plus d'influence, ces vies déjà perdues. Et celles à portée de ta peau.
Ce que tu renvoies dans le monde, ce que tu sais faire lire en toi. Ce que tu as tu et ce que tu as crié, ce que tu as touché, effleuré, regardé ou ce que tu n'as même pas eu conscience d'être sur le point de rencontrer. Ce que tu brûles d'embrasser.

Comment tu l'enveloppes, ton corps à toi?
Comment tu l'empoignes.
Le faire déborder, intensément.
La dernière ligne droite, le même trottoir trop étroit.
Don't forget who you are, you're a rock & roll star.
Sprinter.

Léandre Ackermann

LA ROMANCIÈRE
EST-ELLE UNE MÈRE QUI DÉSOBÉIT?

Claire Genoux

Tout écrivain doit être capable d'aborder la question de la mort, de la perte et du néant. De s'exposer à une aventure esthétique, de s'y engager entièrement au risque de se perdre puisque écrire est davantage que soigner une phrase ou nourrir un récit. C'est aller vers un mystère. Voire un danger. Écrire ne délivre pas, au contraire nous lie à des champs de force inconnus et peut-être démoniaques.

Toute mère est confrontée à la fragilité de l'être minuscule qu'elle porte en elle, de l'être inachevé qu'elle met au monde. À sa contingence et à sa finitude. Elle a pour tâche de nourrir, soigner, protéger. Effacer (des peines).

Hier comme aujourd'hui, elles sont nombreuses celles qui écrivent. Même si elles reçoivent de l'aide, les heures dont elles ont besoin pour la création sont toujours à conquérir sur la vie au foyer.

La femme écrivain doit envisager la mort comme étant du domaine du possible, se prendre pour Dieu et se mettre elle-même au monde dans la solitude et le silence de sa chambre d'écriture. Mais est-ce que la mère qui écrit s'autorise à « renaître, et pas d'une femme »?[1] Sans trembler, faire souffler sur l'univers des maisons,

---

1 Sylvia Plath, 1932-1963, citée par Gwenaëlle Aubry, in *Lazare mon amour*, L'Iconoclaste, 2016, p. 48

des vents froids, à l'intérieur de son propre corps des hurlements? Puis retourner aux légumes, aux poussières, aller rechercher l'enfant à la petite école. Ose-t-elle détruire et s'envoler, s'abandonner à ses incertitudes sans se détester? parce qu'elle a reçu dans son corps un autre corps vivant qui demande assistance. Dans les premières années, la mère accomplit quatre fois par jour le trajet de mener et de ramener l'enfant de la petite école. Entre-temps elle fait les courses, la lessive, les lits. S'occupe du ménage et des vaisselles. Aère les chambres. Laisse traîner des habits sales, oublie de les recoudre. Entre-temps l'écrivain s'assied à une table d'écriture, de salon, de cuisine. Pas tous les jours, pas comme elle voudrait. Son texte est un désordre, un chantier de phrases. De blessures intimes. Comme Marguerite Duras, elle sait très bien qu'on peut aussi ne pas écrire, pourtant l'éblouissement que lui procure ce métier la comble plus durablement que son enfant. La langue, qui lui a été transmise par sa mère, elle souhaite la défaire, la tordre en des images élastiques de poésie, en s'arrachant à la présence de l'enfant. Au bout de ses doigts et partout sous sa peau, elle tient des rêveries, des corps brûlants, des inventions de haute incandescence. Ensuite elle accompagne l'enfant au parc, revient, fait briller les sols de sa maison, la vraie. Celle où vit sa famille. Plante des fleurs, des vraies, dans les jardinières à son balcon. Elle se demande si elle va y arriver et tenir : en plus d'avoir donné naissance à l'enfant, il lui est impératif de donner vie à un roman, de concevoir une façon rien qu'à elle d'exister. En plus d'être mère, elle est poète, écoute des arbres, reçoit en plein visage le fouet d'un fleuve. De sa main maternelle elle enveloppe et caresse, de sa main de romancière elle tue des enfants.

Sylvia Plath a dû forcer, tuer (la langue de) sa mère pour trouver la pleine puissance de sa voix. Au moment où elle est le plus seule, à la fin d'un hiver effroyable où elle écrit, avant le réveil de ses deux enfants et jusqu'à l'épuisement, des poèmes sublimes[2], un matin

---

2   Le recueil *Ariel,* qu'elle dédie à Frieda et Nicholas

de février 1963, elle pose la tête dans le four à gaz de sa cuisinière, après avoir laissé pour ses petits, des verres de lait et des tartines beurrées.

Quand elle est mère, cette femme qui écrit, est souvent très souvent avec son enfant heureuse et aussi, très très souvent fatiguée. Épuisée par les recommencements. L'enfant n'est pas le plus important de sa vie. Elle préfère son existence d'aventurière où elle découpe la terre chaude de la langue de sa mère. Elle casse, rompt des syntaxes anciennes. Dans sa chambre d'écriture elle a besoin d'inventer, de dévorer un monde. De s'exprimer autrement que dans la fusion du corps à corps avec l'enfant. Mais le silence dont elle a besoin n'habite jamais la maison où il y a l'enfant. La nuit circule un souffle humain et mortel, une fois qu'on quitte des chemins de mots. Une respiration, parfois une toux de l'enfant. Dans la maison de son roman, personne ne loge, à part elle, la romancière. Le monde auquel elle donne vie, elle en porte à la fois la paternité et la maternité. C'est jubilatoire.

En tant que mère, elle a des questions logistiques à régler: les horaires de la petite école, les visites chez le pédiatre, et toujours les tâches quotidiennes, la poussière. En tant que romancière, elle a des questions logistiques à régler: ordre et désordre de l'univers narratif, horizontalité et verticalité, chatoiement de la topographie intime. Exigence d'un temps long où elle se sente complètement libre et refus de réglementer son écriture, de la conformer, de l'éduquer. Elle rejette le roman poli et bien coiffé. Inoffensif et souriant. Est-ce pour cela que l'enfant a les cheveux en bataille, des habits souvent sales et troués? Il se roule dans l'herbe devant le bâtiment de la petite école, saute et court, aux balançoires se pend. Elle n'empêche rien. Elle gronde oui des fois s'impatiente, mais elle permet, laisse des zones de hasard. De folie. Dans son roman, elle permet au froissement du langage, à l'élasticité des images de dominer.

Les autres mères ne savent rien d'elle. À midi dans la cour comme les autres elle attend. Délicate. Gentille. Déjà l'enfant qui surgit en courant de l'établissement est un récit qu'elle explore. Drame possible quand il se précipite, se suspend aux plus hauts toboggans. La mère a peur. La romamancière aime le danger, le recherche[3]. Cette après-midi, elle demeure au parc où l'herbe est fraîche. Il y a du bonheur à y confier son corps, à s'ennuyer de regarder l'enfant qui se livre à la vie. Écrire est aussi se tenir dans les bords d'un soleil et que des après-midi entièrement passent. Des soirs de mêmes mouvements. Entre les salles de bains et les chambres où l'enfant couche, sans cesse la romancière est dérangée par des sollicitations alors que l'écriture requiert régularité, stabilité, continuité. Pourtant elle aime que son vertige ne vienne pas uniquement de la guerre permanente des horaires et des contraintes dictées de l'enfant. Aussi elle apprécie l'heure du bain. Chanter des comptines, jouer au chien pour faire rire, se glisser dans le chaud du lit de l'enfant. Elle a désiré l'enfant, elle a choisi ne pas s'en tenir à l'écriture seule parce qu'une mère déjà a déposé en elle la matière d'une langue. Un trésor. Grâce à la présence de l'enfant elle en déchiffre les infinis secrets. L'enfant est cette torche excessivement vivante qui illumine et sonde des obscurités en elle.

En tant que mère est-ce qu'elle parviendra sans s'effondrer à : s'occuper avec douceur d'un corps, envelopper dans un tissu sa peau, protéger une enfance réelle au quotidien.

En tant que romancière est-ce qu'elle réussira sans trembler à : couper, trancher, creuser dans le profond d'un texte, dans une langue-mère qui est cri et soulèvement. Est-ce qu'elle saura, sans perdre pied dans des gouffres, désobéir à ce qu'on lui a appris, cisailler cette langue pour mieux la conquérir. Et conquérir le droit d'exister, de s'ennuyer.

Texte et tissu ont une même étymologie. Double fécondité du corps et de l'esprit pour celle qui a le courage d'être à la fois mère

---

3 Nancy Huston, « Le dilemme de la rommaancière » in *Désirs et Réalités*, Actes Sud, 2002

et écrivain, ne craint pas de «regarder en face la mort, y compris celle de son enfant»[4]. J'aime croire qu'entre les deux une entente, une réconciliation est possible, et qu'elle passe par le corps. Par l'enfance. Parce que la romancière aura trouvé son souffle, la force de braconner heureuse et seule dans ses terres, elle suivra l'enfant dans sa fluctuance pour apprendre ce qu'enfin on nomme vivre.

Je recommande l'enfantement à quiconque désire être écrivain(e)[5].

Avril 2019

Merci à celles qui m'ont précédée et inspirée: Marguerite Duras, Sylvia Plath, Jeanne Benameur, Nancy Huston et Gwenaëlle Aubry.

---

4   Nancy Huston, article cité in *Désirs et Réalités*, Actes Sud, 2002
5   Nancy Huston, «Les Prairies à Paris» in *op. cit.*

SE LESTER

Marina Salzmann

Je commence par écrire cette phrase.

Je ne sais pas d'où il me vient de l'écrire.

Celle-ci plutôt qu'une autre est venue rompre le silence.

C'est une phrase sans image. Elle est facile. Elle a surgi de ce qu'on appelle l'intérieur. Elle semble être montée dans la gorge. Elle a paru se formuler par elle-même. Elle a eu l'air d'aller faire un tour dans ma tête pour redescendre par mon bras. En passant de la main au papier, elle a été du noir venu se poser sur du blanc. Puis la phrase a entraîné la suivante, et cætera.

Si je recommençais, je n'écrirais pas la même phrase. À quelques minutes près, j'aurais écrit une phrase tout autre que celle que j'écris. Quelque chose aurait déjà changé. J'aurais déjà changé. D'autres mots seraient venus de ce silence que je sens en moi. Je n'aurais peut-être pas tenté de scruter ce point de silence qui me semble pouvoir se situer à l'intérieur du corps. Je ne me serais pas penchée ainsi au-dessus du vide. J'aurais peut-être décrit ce lieu mystérieux comme une source. Ou je l'aurais vu comme un tourniquet : absence/présence ; ouvert/fermé. On n'a jamais trouvé ni tourniquet ni fragment de phrase dans nos viscères, mais il m'est indispensable d'inventer un lieu où naîtrait la parole. Or, selon moi, ce lieu n'est pas le cerveau mais le corps. Je sens que ma parole se forme dans mon corps de femme, tel qu'il est dans l'époque. Que cette parole est située. Qu'elle s'enrichit d'inflexions en montant dans ma gorge. Qu'elle se précise et s'affûte en se promenant dans ma tête. Qu'elle acquiert sa syntaxe en descendant dans mon bras et jusqu'au bout de mes doigts d'où elle essaime en phonèmes, pour se transposer à l'écran en festons de caractères ordonnés.

Ma parole ne peut donc être exempte d'une influence biologique. Elle est liée à un état hormonal, une circulation sanguine, une digestion. Elle est instable, comme l'est mon corps, comme l'est le monde qui la bouscule de son tumulte par les orifices de la perception. Seul le silence paraît stable. Serait-il comme une parcelle de mort à l'intérieur de moi, à laquelle j'aurais assigné sa place et que je tiendrais en respect, au plus profond de la chair, à l'origine du verbe?

Parfois, arrive une phrase différente, une phrase lestée d'une image. À peine produite, elle est encore imprégnée du mystère de son origine. Elle demande à miroiter un peu. Elle veut être contemplée, décrite. Je sais qu'il y a une réserve secrète où certaines phrases peuvent rester en attente pendant très longtemps. Par exemple celle-ci:

Etty Hillesum emporta dans ses bagages un ouvrage de Rainer Maria Rilke.

C'est une phrase qui impose de relire le journal d'Etty Hillesum à Amsterdam. De relire les lettres écrites de Westerbork avant sa déportation. Etty a réfléchi longtemps à l'avance à son départ pour Auschwitz. Elle pense très souvent à ce qu'elle mettra dans son sac à dos. Elle dit qu'elle aimerait «avoir lu tout Rilke avant que ne sonne l'heure de (se) séparer de tous (ses) livres». Elle projette un jour d'emporter *Le Livre d'heures*. *Le Livre d'heures* sera, dit-elle, dans mon sac à dos pour Auschwitz. *Les Lettres à un jeune poète* également. Etty ne mentionne ni les *Élégies de Duino*, ni les *Sonnets pour Orphée*, qui sont les recueils auxquels j'avais pensé en exhumant la phrase en réserve. Mais Etty a l'intention de lire les lettres envoyées par Rilke. Elle deviendra la destinataire privilégiée du poète. Rilke, dit-elle, était un homme « fragile ». Il « a écrit une bonne partie de son œuvre entre les murs des châteaux où on l'accueillait » et il n'aurait sans doute pas résisté dans les circonstances de vie qu'elle connaît. « Mais », continue-t-elle, « n'est-il pas justement de bonne économie qu'à des époques paisibles et dans des circonstances favorables, des artistes d'une grande sensibilité aient le loisir de rechercher en toute sérénité la forme la plus belle et la plus propre à l'expression de leurs intuitions les plus profondes, pour que ceux qui vivent des temps plus troublés, plus dévorants, puissent se réconforter à leurs créations et qu'ils y trouvent un refuge tout prêt pour les désarrois et les questions qu'eux-mêmes ne savent ni exprimer ni résoudre, toute leur énergie étant requise par les détresses de chaque jour ? »[1]

Je ne sais si Etty avait une traduction des lettres ou si elle les lisait en allemand. Je pense que dans le deuxième cas, c'est *Über Gott. Zwei Briefe*, Insel-Verlag, Leipzig, 1933, qu'elle aurait pu emporter, car c'est ce texte qu'elle mentionne les tout derniers jours. Pour préciser l'image du sac à dos d'Etty, je remplace le *Livre d'heures* par ce petit volume gris, dont j'ai trouvé la photographie sur internet. Je remplace les habits qui me semblaient marron par des bleus parce qu'Etty dans une missive demande à son amie Maria de lui faire parvenir trois tenues à Westerbork et ce sont des vêtements chauds et bleus. Il y a donc maintenant, dans le sac à dos d'Etty, la robe de chambre bleue, le chapeau de feutre bleu et la robe tricotée de laine bleue envoyés par Maria. Quand je regarde ce sac à dos, avec les *Lettres* de Rilke et la petite bible sur les pauvres habits bleus, mon silence se creuse. Il se creuse pour faire place à celui d'Etty. Je regarde Etty recommencer : elle plie lentement ses vêtements. Elle les place un par un dans le sac.

---

1 Etty Hillesum, *Une Vie bouleversée*, Points, p. 245

Pas de bande-son pour mon image, les vêtements d'Etty n'ont pas besoin de substance, ils ne bruissent pas, c'est une reconstitution silencieuse pour elle, pour tous ceux qui réunissent les affaires si difficiles à choisir, les affaires du départ définitif. Pas de bande-son parce qu'aussi, elle aimait le silence et aurait voulu écrire un livre, disait-elle, si elle en avait eu le temps, « où chaque mot serait comme une pierre milliaire ou un petit tertre au long de chemins infiniment plats et étendus, de plaines infiniment vastes », un livre où les mots ne serviraient « qu'à donner au silence sa forme et ses limites ».[2]

Et voilà, c'est fait. Etty a déposé le volume à la couverture grise au centre de la spirale que forme l'image apaisée. Elle boucle son sac et le tient contre elle. Elle ferme les yeux pour voir la nuit des temps. Et moi, invisible encore, moi pas encore née, moi au-delà de la nuit, à l'autre bout de toute cette souffrance et de toute cette mort à venir, c'est comme si je prenais Etty dans mes bras.

---

2 *Ibid.* p. 141

CAFÉ CRIME

Sylvie Blondel

La porte du hangar à bateaux est ouverte. Le soleil se lève au-dessus de Saint-Gingolph. Au bout du ponton, un mince filet noirâtre s'écoule dans l'eau du port.

On dirait du sang, mais c'est peut-être autre chose. Du cambouis ? Je ne vois pas bien, à cause du reflet du soleil matinal. Le calme règne sur le lac, on n'entend que le clapotement des vagues. L'aube colore le ciel de rose orangé.

Au petit matin, j'aime me rendre sur les berges pour prendre des photos des montagnes. Le Grammont noir ne m'inspire pas, je préfère les pentes bleu pâle alentour. En face, dans les hauts de Vevey, les vignes dorées sont nimbées de brume.

Je fais encore prudemment quelques pas et zoome à droite, afin de saisir l'image d'un voilier qui cingle en direction d'Evian. La photo est bonne. Plus loin au large, un canot semble immobile.

Une planche borde le hangar à bateaux. En dessous gît le corps inerte d'une femme. Sa robe flotte au gré du courant et lui remonte sur les cuisses. Je vois une large entaille sur son ventre. Sa chevelure dissimule son visage, une algue brune forme une sorte de bâillon.

J'appelle au secours. Les rares clients de la buvette, le nez plongé dans leur journal ou la nuque courbée vers leur téléphone, sirotent tranquillement leur café sans me prêter attention. Cette vision n'a pas duré plus de dix secondes, le temps s'est arrêté comme dans un rêve. Je crie, mais aucun son ne jaillit de ma gorge. Je fais de grands gestes pour attirer le regard du serveur. Il hausse les épaules et retourne à l'intérieur du bar avec son plateau, il ne m'a pas vue ou alors suis-je un fantôme ?

L'eau s'agite sous le ponton, on dirait des yeux. Je reste figée devant ces taches de sang qui finissent de sécher. Le bateau à moteur a disparu. Il appartient à des gens que je connais. Je me souviens que nous nous sommes présentés, nous avons même bu quelques verres ensemble et mangé une pizza à la buvette de la plage.

À l'entrée du hangar, on voit une plaquette usée avec le nom de Marc Bergerat. Sa femme s'appelle Ophélie.

Je reprends peu à peu mes esprits et appelle le numéro 117 depuis mon téléphone portable.

Ils vont envoyer quelqu'un sur place.

En attendant, je repense à ce couple. Tous deux bien mis, d'allure sportive. C'est lui qui parle. Elle acquiesce. Ophélie est très soucieuse de donner une bonne image de leur relation ; elle m'explique qu'ils sont tombés amoureux *au premier regard*, il y a plus de vingt ans, aux sports d'hiver. Il la rabroue d'un geste de la main : n'importe quoi ! Elle sourit dans le vague. Il continue de parler des vacances à Villars, à Majorque, aux Maldives, oui, même aux Maldives ! Cela m'avait laissée indifférente sur le moment, mais je me souviens de l'espèce de tension que j'avais éprouvée en leur présence. Lui était assez costaud, crâne rasé, elle plutôt maigrichonne, en petite santé. Il se montrait agacé dès qu'elle disait quelque chose. Ophélie prenait les humiliations répétées à la légère, il plaisante, allez ! Il la regardait avec mépris et disait : tu ressembles de plus en plus à ta mère ! Ou encore : elle est pas mal cette pizza, heureusement, car si on devait manger ce que tu cuisines à la maison, il y a longtemps qu'on aurait crevé de faim ! Figurez-vous que *madame* ne me fait jamais de saucisse à rôtir !

74

Une feignasse incapable de gagner sa vie. Oui, ce sont les mots qu'il avait utilisés. Comment ai-je pu continuer à les fréquenter? Par inertie, par habitude. Je laissais couler, heureuse d'être célibataire! Mais de là à imaginer qu'il ait pu la tuer… on ne tue pas pour ces vétilles. Il y a un mois environ, je l'avais revue seule. Elle m'avait annoncé qu'elle voulait partir. Divorcer, c'est compliqué!

J'entends le bruit d'une moto. C'est le fonctionnaire de police. Il arrête le moteur, descend de sa monture, ôte son casque et inspecte les abords du ponton, mais ne voit pas ce que je vois, je suis obligée de hurler pour qu'il réagisse : «Il y a eu un meurtre. J'ai vu le corps ensanglanté d'une femme, sans doute poussée dans le lac.» Il me dit de ne pas crier, il a bien pris ma déposition et mes coordonnées. Il téléphone à son chef et m'informe que des collègues viendront dans un moment avec un plongeur. En attendant, il me prie de rentrer chez moi.

Je rejoins la terrasse en chancelant. Je commande un café crème, sans sucre. J'interpelle un client ; je lui dis d'aller sur le ponton d'où l'on voit le cadavre d'une femme devant le hangar à bateaux, je suis persuadée qu'elle a la stature d'Ophélie. Je crie encore une fois. C'est comme si je n'avais rien dit. On m'ignore, on me prend pour une folle. Je bois mon café. Je n'aurais pas dû, il me donne la nausée. Juste le temps de me précipiter aux toilettes et de m'accrocher au lavabo. Ce café avait un goût de vase absolument infâme.

Le miroir me renvoie un visage blême et taché de brun. Ce ne peut pas être moi, ces yeux hagards, cette bouche humide et sale, ces longs cheveux défaits parsemés de grains de sable, cette atroce robe à fleurs qui me colle à la peau, et cette plaie à l'abdomen qui continue de saigner. J'ai une tête de déterrée.

Un peu d'eau au robinet va me calmer.

Je reviens sur la terrasse. Tous les clients sont partis. Le serveur a nettoyé les tables, il ne reste que les cendriers. Même ma tasse a été débarrassée. Je demande à régler l'addition d'une voix stridente et hurle la (uestion la plus stupide du monde, mille fois répétée dans les séries télévisées : *il y a quelqu'un ?* Il n'y a personne bien entendu, absolument personne dans ce bar.

Je décide d'attendre les renforts de police qui ne devraient pas tarder. Il y a plus d'une heure que je tourne en rond.

Il faut que j'en aie le cœur net. En prenant des photos, j'aurais des preuves de l'existence de *la dame du lac*. Je marche à nouveau jusqu'au ponton pour revoir la scène de crime, ou supposée telle. Les taches de sang noir salissent toujours le bois, mais sous la planche, la femme – Ophélie ? – n'est plus là. Le courant l'a sans doute emportée. Le lac Léman des cartes postales est bleu lisse. Sous la surface, des mouvements violents déplacent des masses d'eau titanesques. On voit parfois des barques et d'autres restes de naufragés des temps anciens lorsqu'on plonge assez au large, assez profond. *Un noyé pensif parfois descend.* Aurais-je vu *la dame du lac* et alerté les policiers à cause d'un simple effet de lumière ?

Je me penche à droite et à gauche au risque de tomber dans l'eau la tête la première : rien. Finalement, je me couche à plat ventre sur les planches en bois pour tenter d'apercevoir le cadavre parmi les galets, les rochers, les perchettes, les herbes aquatiques. Pas la moindre trace du corps. Alors je m'allonge face au ciel. Je ris, je pleure. Ce n'est pas possible de disparaître comme ça ! Quel soulagement, c'est mon imagination qui me joue des tours. Il ne s'est rien passé.

J'entends un bruit de moteur venant du large. Le canot s'approche au ralenti. Je lève le nez pour le voir à la manœuvre. En une seconde, je suis debout, flairant un danger. Le pilote est vêtu d'une capuche et porte des lunettes noires. Le bateau s'arrête. L'homme jette l'ancre. Il hisse son embarcation jusqu'au hangar. Il ferme la porte et la cadenasse avec une chaîne. Je reste à le regarder faire, à le regarder marcher sur les traces de sang (à moins que cela ne soit de la benzine.)

Il ôte ses lunettes et sa capuche, il me regarde d'un air furieux, un couteau à la main : Marc !

Il avance dans ma direction, m'oblige à reculer au risque de tomber à la renverse : « Qu'est-ce que tu fous là ? Pas un mot, ma belle, sinon ce sera ton tour ! »

AUJOURD'HUI, NOS VOIX

Laurence Verrey

échappées belles lumineuses

beautés de nos vies intérieures

débordez sans compter

vers le désastre du monde

* * *

toi seule peux entendre l'appel

à fuir l'étriqué à endosser

le large dans le vaste soulèvement

des voix brimées depuis le temps

* * *

combat des filles invincibles

pour la parole mère

s'aiguise la pierre dans la main

pour la danse en férocité

* * *

enfanter l'avenir

qui le peut sinon le féminin

indocile et fécond lié

à la force du clairvoyant ?

quatrains extraits
d'un recueil en travail, 2019

BIOTOPE

Laurence Boissier

En ce moment je lis des livres sur les chimpanzés. Ils m'aident à adoucir mon sentiment sur le genre. À ton âge, ma fille, je portais une minijupe en similicuir rouge pour sortir en boîte. Les femelles chimpanzé ont le cul qui rosit quand il s'agit de trouver un partenaire pour se reproduire. Je devais être particulièrement en lien avec ma part instinctive. Toi tu ne portes pas de minijupe en similicuir, seulement des pantalons. Des vrais. Pas ceux qui ont tout du faux collant. Je suis sûre que tu as trouvé un moyen tout aussi efficace pour montrer que tu es fertile. Je n'ai pas forcément besoin de savoir lequel. Tu as peut-être déjà pu constater que tu as le choix entre des hommes de tous les âges. Ne t'étonne pas si certains te semblent très âgés. Pour eux, l'offre est plus limitée puisqu'ils cherchent avant tout la fraîcheur de l'ovule. Ils sont nombreux et doivent en sus gérer des questions de domination entre pairs qui leur compliquent la vie. Parmi cette offre bigarrée, tu choisiras ceux qui te sembleront être le mieux à même de perpétuer tes gènes, que ce soit par leur physique, leur statut social ou leur esprit.

Si la vie de femme adulte est une expédition, je pense pouvoir dire qu'elle propose plusieurs types de biotopes. Moi, j'évolue dans ce qui ressemble à une savane. Toi tu viens juste d'entrer dans la jungle. Les pieds dans l'humus, tu progresses entre des arbres alourdis par des guirlandes de lianes. L'humidité se condense sur des feuilles d'un vert brillant pendant que des fleurs luxuriantes se tournent vers toi et exhalent leur parfum. Tu te fraies un passage. Tu continues de grandir. En quelques décennies, ta tête atteindra presque la canopée. De temps à autre, à la faveur d'une brèche dans le mur végétal, il t'arrivera d'apercevoir au loin une ligne allongée qu'on appelle l'horizon. La forêt s'éclaircira. Tu laisseras derrière toi ce vaste fouillis. Tu émergeras pour faire face à la grande plaine ouverte. Il y aura moins d'arbres, mais tu les verras mieux. Tu pourras reposer ton regard sur la ligne d'horizon. Et plus tu avanceras vers elle, plus tu te rendras compte qu'il y a toujours quelque chose après. Comment je le sais? En fait, je ne le sais pas.

Tu me dis que, contrairement à nos ancêtres primates, la reproduction sexuée n'est pas ton objectif ultime, ni celui d'ailleurs des hommes que tu rencontres. Tu me dis que notre cerveau primitif a largement été maîtrisé par des millions d'années d'évolution. Je n'en suis pas si sûre, vois-tu. Je lis des livres sur les chimpanzés. Tu me dis que je devrais arrêter de lire des livres sur les chimpanzés. Ne t'inquiète pas, je n'ai pas perdu tout sens de la mesure. Je vois bien la différence entre la jeune Jane Goodall, avec sa veste à poches, sa tente, sa machine à écrire, son trafic de bananes, et les chimpanzés de la forêt tanzanienne qu'elle est allée observer. Maintenant c'est à mon tour d'observer comment tu évolues dans ta verdure.

Tu me dis que toi aussi tu sais des choses sur les animaux. Par exemple, quand des bouquetins doivent négocier un passage délicat sur un versant abrupt, ils envoient une femelle stérile prendre la tête de la harde. Si une roche se décroche sous elle, la perte sera moins grande et les autres seront prévenus de trouver un autre chemin. Tu me dis de faire attention aux précipices. Mais où vas-tu donc chercher des comparaisons pareilles, ma chérie?

NOUS, PERMACULTURE
anagrammes

Isabelle Sbrissa
Extrait

tandis que dans la splendeur
l'air s'incarne face aux vivants
que la goutte prend sans
tomber
et que blanc et bleu brillent
tandis que la neige couve
dépouille et embryon
roulé dans ses ressources

        o   v   sr

  eee   j

       m   a   kw

                               fd

 o'i   m

      i   ' - t   i   i   ' c

      m

              m   h '

                h

  ot

        i '，'tt

                           p

l   l   l

' ，'

     o ' m   '   f f   g   ， c '， '- - z

         m'c

'r:,-

       ' x

             m,

c   i s   t

    a

   'd u

                  cis

les salariées et salariés
dorment parfois la nuit
comme les esclaves antiques
ont gardé ce droit
jouissent de l'acquis
démocratique originel
en comprimés

dee   ent

re un p   uu   en

les   l t c

ha,   ff   h

d 'c d i

avb

et   x

qll

l

z   d   o

ait le t

y   pr

f

bnu   a   b   v

ovn   ai

ub

c   o

ui

mup

x   t   t   e   u

nr

blns k

wgs

mm

li

tandis que dans la splendeur
la glace purge et trie
acariens pucerons papillons vers
et toutes les herbes

                  man

                       ofoi i

     es   es   o m me atq

             t d é   ce oit

             j o u i

                    ss d l'a

c   lll   q   u s

d   é   m   o   c   r   a t i   o r i i n

    rimés

         r   a   t   s   u

ff   nt

           f   en

    le   en   com

  c,   kw h

      d   '   d   i

    v uee

        g   x

   qzdo

        ait le c

y

      tt

    b   n   u

abv

   v   aib

ui

    m   up

xeu

      nrbln

m   m   l   i

sous la cloque du droit
épandent l'emploi
qui croûte
crient air rare
se débattent
pour téter comme l'autre
au pus salarial
                        è   h   kws'v
              ,
l   a   p   e   a   u
   flétri   o
                 b n g,   is
         mml   x x   c i
         vi v   ante   r   .
    s   ee   m g
         . n   s
              la gal de   job   ib
   dd s s
      lll   ;
                                        bnu ff

      qi
                 ii de
      se   o
      c   c.cy   uu   n
n,   fn   te
                                        iq
   io   tt   e   e
         ae   n   hl
   z   n
     c e
m   m
   ns   m   ss
v   d s e ,i s

tandis que la splendeur dort
dans la retenue cyclique

                              p mpo
                         i c
                          ou o ot
                           r ie t ,   i r r,
            au p   e   é   b   a   t   t
    o u   r   t   é t e r
          c o m   l 'a u t re
    us   sala r i   al m e
          è   h   kw   s'   v
          ,   la
                      peau   flé t ri   o
                      b   n   ,   v i v
            a n t e   f   i s
            mml   x x   c   c i
            lll   r
          s   ff   u   mgns
                la gal de   job   ib
        dd s s   g
          ; bnu
                              qi uee
    ii de
          se   o
              c.c   n
    n,   n   t
    eiq
        io   tt   e   e
          ae   n   hl
        z   n   c e   m
    m
        ns   m   ss
    v   d s e ,i s

la suractivité remplit d'un cal
leur dedans à ras clos
le mouvement exige le vide
lors sont les mêmes encore
un ennui diverti secoue ces blocs
en piles ajustés

                       fb   q

                                 nn

e   i   i

   i   p

q '   t   u b r   '   '

     p   a   a

tt,   . . ,

   tri   tt   u

                kwa a o

      bnu   ,o,q

          i a

  o   lll

c ff   a au d

        ɶe   n

   m

         t ml

a   , p   r

d   x

    f y   z d

t   muee ga

    h,   , ;

  h   e r   m

    ns

  s   s g q

  d,   b

   l   c

iii

tandis que le prodige et la lumière
dansent le bal blanc
effacent bois prés toits et chaussées
pour un regain
de vide et de silence

                              u   ’   ,   ;ro
                                    m   vm x v,o   mms o
u   u   i   v   c   u
      ce
        oc n i ajué
                                    nn

        les
p a rl l i
            i   les   q ‘   br
                              s   a
t,   les   . . ,
      tri   f   c   a   o
        lll   nu
            ,,q
            tt   i a oaa o
      u n
                                                            a
                                          t m
                  ml
d   , p   kw   r
            x
ff   y   gz d
  t
                  muee   ,   , ;
            h   r   m
                                                            ns
            s   s   q   d,b
            c   iii

leur inventivité s'applique
à la démultiplication technique
tout le possible advient
déchet et projet en reflet
les encombrent
biens et rien se ressemblent

o   v

us   ,, ;   , '

x   ,   d   d

ul   l   f

i agiiq ur du

' ;   ao   ii   , on

go

m

r

. ,   x   lll   dou   ,

n s'aonc

c   l

,   g   m

s ,

'   ',

z   a,   a

'   ,uu   a y

ff   ,   , m c a

ér

s o

d m

s u

kw   a d .

m r   '   a, ra   em bꟼ

s   s   s

s ,

c   r ; r   a   c

tandis que dans la splendeur
un élan trille en l'air
que le vert pleut
du sol au ciel
tandis que les nuages glissent
et la rivière

               c   v m ' c

                      da   r ii ,

                          c   ;   t

m   o   n   m e   x

            vide,

        or s bee

                 o

                    sm ff

                       ê m se

t

            andis   f   co r

        un   g ttt i s e co

b o c e

                    np i   j s és

f   b   q   n   l   l   l

                    p 'b"t,..,

            a   a   o

                       kw,o,

                  io   aad

          oe   atc

mm,pr

            x y z

            uu   tmu

h,,;h

                                  erm

      s   ,   b   c

i   i

la possession les possède
disent j'ai
enfant auto amour argent
et craignent de perdre
l'abandon les terrorise
la mort les aimante
voilà partout son crâne

                        , v   h

                           b   uy

      tê   e   e   i

tt   lll   u,   q   u e

  ,   t

                      kw   e   v

     c   m   i c

                 c   l   vail

   q'   s

, ,   lrs   , c

                m

           bu   c

u   u

 i   d z   f

ff   u .   g

   x

                   h

i'   q i   d ii

    c   '; , .bl ; b

       q   e

   e li   ,   , mml

        d, ' c ee d

       x

un m   e

    m   nss

p uu   e   i

tandis que dans la splendeur
crocus
jacinthe
narcisse
muscari
s'assemblent et montent
à la page de feuilles
tandis que noms et couleurs
paillettent

                   l

                       lllo

               s   u   r   l   e

   erreau   q   '   h   o   r

     des   bb

                                voo bn

                  erce

           i

    tulipe   g   kw, , ,

t

                      réee   o g c   ;

'   bao orf

              v tta a

          ,   v   y   i   ,

          ,   uu   v m i   '

   ,   ,   ,   m

     i i dz nx

                            i   '

              i   d   f f

     '; , . ; q ii i, , mm

    l, ' c

        d x   n e

m   p   i

leur liberté bave
son expansion individuelle
leur programme est une exploitation
cul sec
toute limite gêne
un « profite bien ! »
leur tient lieu de « salut ! »

so ff'; , .
;   , , s'   ss   tt'
        j
                ,,,   , c   q   d
s   a   ,   a
    a   ,
            s   s
            c r   r ,   d
                              n   z b   .
    n   eeu f s'
        dqu'a b
                        r   c   g
    n
m   kw
                    h   i'
    at   q a   lll   ii   la cc q '
                                              rae de
            voe,
                        a t o u   ,
        h e m
            v   ml y

c d   ,   '   c
        m n s s   d   m
                a   a   v   p   m
i s   o   r

95

tandis que dans la lumière
s'accouplent les eaux
des pics et des plaines
tandis que la terre mouille
et clapote

                    r b n"

                         vdu   ,   r   r g   r
    n   e   x   i
                                   i   o   n
                              o u t e
              ê n e
                         un « rofit
                    b   i   e   n   !   »
                    l e u r t i e t
    l   i   e   u   «   u ! »
         im i t
     g
       o ';, . ;   , , s'   j f k w
    , , ,   ,
    bq   o s   ,
      ,   s ra r, d

                         n   z b   . n
                         ff   s ' b
                         n   v
    m   tt   e
              g   h   l l l i'
       q a   ii   l a c c
       q '   uee   a
           voe,   a t o u   ,
        h   e   m m l   y
        c d   c   . ' c
    mnsss d   m   a a v   p   m
    i s   o   r

leur sexe analphabète
sent
le sale et la honte
leur conscience noisette se juge
sans responsabilité
déplore une malédiction
et tournique au clapier
grand ouvert
'   c   cv o i
                                    t ux   sr
zto ud s   p   b l
          d
                                    ff q .
     d   g   l bq
              m   bee
                        i
, ' '
          uu
f   ii   q ' tt
                                        tr kw
     , a,   ii   n   a
          v
                                    u   mml
     , ;m   ,
          dà   'as
  iilll   d,
  d c f
m
                                    ' ;   ,   .
     v   s   c   ,   , ,   r
                                        y   m
              mo i ,   r   a
m nsss

97

tandis que la perfection
leur accorde l'air
des sittelles des merles et des nonnettes
l'amer des cramias
et la terre verdie d'ail

                        u x

                    h b   t

g   tt   l e   e t
h   n   e

                o que
                j   u   g   s   n   s
        po n a b lié
                                    p o   u n   ai
                    oee
                                    n i au   cpi
        gan ou
'   c   c cv o i
                                t x   s
        zto u   ff
                p   bl
                                    . bq
m   lllbu   ,
i , ' '
                            i   q'
            t kw
, a,   i   n   v
                u   l
        , ;m   ,   à   '
    i ,
                        d c uu f m
v s   ,   , ,   r
ym   mo i ,   r   a
m   n   s   s   s

leur publicité
adaptée aux besoins
d'une consommation
que les lois veulent
égalitaire les atteint
sans les discriminer
c'est un service public
l'achat est leur action civique

           ypa

   t

f   a   i   l   r   x   m

        done a

    g   o elle

      r m a

, ao u ', u

     et

   hr kw ff

    d

      furt . vq

b j

         m,, ;

   m '

     rê, '   d,

d l d

       ps o

     bq , '   ',z ,

  d ' or , '; , . , ,,

     m

, n

s m

   nss

g   é   n   é   a   ,

apparentent
idées et marchandises
influence et débat
débattre et avoir raison
d'autrui
sous cet arbre sans lignées
leur raison est une rançon
de l'argent

                          le ' a ux
          t   t   kw   o
                   f,   'c
y   m   e   e   n   p
s   v   p l   d   e   c   x   ' i
     , u,   p   d
  q .   q , bqff
    ll   ll
                         l   couv
é   e   l l' c et
    ii   qui
       jms   bu g   ,,;,'
    ,dao uu
                                       ov,"
                   ,za
              iscimi;
          l   si m i l i
'   o   ,   m   m   l ' ; , . , , , m   o
,   m   s   s

Ce travail d'écriture a reçu le soutien de la Ville de Genève.

LA LISTE DES COURSES,
OU HISTOIRE DE LA MÈRE

Antoinette Rychner

Quelqu'une – J'ai accroché sur le frigo – celui de la cuisine neuve, la cuisine Hornbach – un calepin quadrillé. Pour la liste des courses.

Je note tout ce qu'il faut acheter, je note tout là-dessus.

PQ, dentifrice anti-tartre, mandarines, pochettes cadeau, graines pour les oiseaux, beurre.

Il y a nos écritures : la mienne, celle de mon compagnon et puis celle de ma fille. Il y a le bleu de l'encre qui devient plus clair quand le stylo crève.

Sonne le téléphone. C'est mon compagnon qui est en courses, il a oublié de détacher la feuille du calepin, alors je lui fais lecture de la liste, j'égrène les produits.

Lorsqu'il faut raccrocher, on se dit rarement « je t'aime ». Après la liste des courses, ça ferait trivial. Personnellement je préfère un SMS, à un autre moment et surtout, exprimé de façon un poil détournée.

On dit que la table est le ciment de la famille. Mais nous mangeons rarement ensemble. Il y a l'école, il y a nos professions. Les horaires. L'agenda électronique que nous partageons, mon compagnon et moi. Il a vue sur le mien, j'ai vue sur le sien, c'est pratique pour agender des trucs sans même devoir s'appeler. Et quand on a un doute, il reste les mails. On s'écrit des mails, ça crée un délai entre le moment où l'un de nous exprime quelque chose et celui où l'autre recevra, traitera l'information.

L'information, c'est l'essentiel. Qu'elle passe. Les jours aussi s'enchaînent. On vide le frigo en à peu près quatre jours. Nous ne jetons presque jamais d'aliment, je déteste ça. Je crois que quand j'écris quelque chose sur la liste des courses, je pense à mon compagnon. Je sais qu'il me lira. Différemment. D'une certaine façon, plus vulnérable que derrière son écran de contrôle. Je devrais lui écrire de longues missives sur papier quadrillé, des lettres enflammées sur le carnet de courses.

On dit que la table est le ciment de la famille, mais je dirais que chez nous le ciment c'est cette liste où s'expriment les désirs – note ce que tu désires et tu seras exaucé-e : ma fille de quinze ans l'a bien compris, avec sa mention « shampoing ».

<u>Certains produits, les produits de toilette surtout, j'en fais des réserves. Réserve de déodorants, pour ne pas manquer. Aussitôt que le dernier ou même l'avant-dernier est entamé, hop !</u>[1] Courir au calepin, avant d'oublier. C'est que tant de choses, dans nos têtes, se disputent la place.

Dans l'étagère de la cave : bières Boxer, miel, papier ménage. Quelques boîtes de conserve et puis des sacs-poubelle. Ah, et dans les placards de la cuisine : lentilles, quinoa, pâtes et riz, je dirais un kilo de chaque. Plus un ou deux paquets de röstis sous vide ; ce sont mes stocks. Et quand je les regarde, je pense à ma mère,

---

1 *Attends-tu que le tube de dentifrice soit vide pour en racheter un autre ou négocies-tu la transition du vide au plein par la présence dans le tiroir de la salle de bains d'un tube neuf ? Idem pour la mayonnaise, le papier de toilette, etc. ?*
Odile Cornuz, *Pourquoi veux-tu que ça rime ?* Éditions d'autre part, 2014

qui quand j'étais petite conservait du riz, de la farine, du sucre en assez grosses quantités quand même. Ça lui venait de la guerre, au même titre que cette idée : les hommes sont potentiellement des violeurs. Mais je veux dire, n'importe lequel.

À cause des Russes et des Français, des Français surtout qui en quarante-cinq ont débarqué dans le village – ma mère est allemande, elle a grandi en Bavière – à cause des alliés surgis dans le village, donc, se servant en poule, en bouillon de poule et en filles. Jamais réussi à savoir dans quelle proportion tout cela a été grossi. Il semblerait que dans l'une des maisons un soldat ait dit : « Je veux cette fille » et que le vieux, dans la maison, se soit interposé et qu'il ait été abattu d'une balle. Ça, c'est ma grand-mère qui me l'a raconté. <u>Et aussi qu'en tant que veuve, que femme seule élevant deux petites filles elle s'était faite le plus moche possible, habillement, chevelure, tout</u>[2].

Honnêtement, je ne crois pas qu'il y ait eu tant de viols que ça durant l'occupation du village où ma mère a grandi, mais c'est ce qui est resté : ils allaient arriver, ces hommes, et nous violer et c'est resté si profondément marqué dans l'esprit de ma mère que partout où il y a des hommes, il y a leurs « besoins », comme elle dit, avec son air d'en savoir long.

J'ai tant pesté, lutté, bravé durant l'adolescence ses interdictions de se déplacer librement de nuit, en tant que jeune fille dans l'espace public.

---

2 *Dans les rues d'Alep, une femme vêtue et voilée de noir traverse la rue au bras d'un homme en élégant manteau clair. Le couple se regarde, sourit légèrement. Ils ont l'air heureux.*

Quelque chose marque Alice dans cette image. Peut-être ce bonheur, peut-être cet interminable débat européen sur le voile qu'elle comprend de moins en moins. Dans les rues de Damas ou d'Alep, elle croise de très belles femmes, moulées dans des jeans et des bottes à talons impressionnants. Certaines sont voilées, d'autres non, et parfois le voile épouse si parfaitement la forme de la tête qu'il crée un cocon envoûtant, écrin d'un visage au maquillage impeccable. En réalité toutes les nuances du voile existent et ne correspondent en rien à celles de la séduction. Ces citadines syriennes voilées sont d'une féminité débordante et revendicatrice, alors que d'autres, cheveux au vent semblent se négliger ou vouloir neutraliser leur corps.

Aude Seigne, *Les Neiges de Damas*, Zoé, 2015

Aujourd'hui, je pousse mon caddy, et m'entretiens avec mon compagnon au sujet de la liste des courses[3].

Nous ne songeons nullement à stocker des kilos de farine, de riz ou de sucre.

Deux nouvelles locutrices surgissent :

– Parfois, tu te renseignes sur les survivalistes. Ils enterrent des caisses avec des vivres, de l'eau en bouteille… Ils emballent tout dans des plastiques. Ils apprennent à poser des pièges à gibier et à reconnaître les plantes comestibles. Les survivalistes… ça te fascine.

– Et parfois tu repenses à la manière dont ta mère dit « c'est un homme », à ce qu'il t'arrive de ressentir lorsque tu entends derrière toi des pas la nuit dans une rue et tu te demandes : les idées d'égalité, les idées de tolérance et d'ouverture, ne peut-on les concevoir, les entretenir qu'en temps de paix ?

Retour au monologue principal :

Saviez-vous que les adolescents d'aujourd'hui ont développé dans le crâne une zone surdimensionnée, celle consacrée au maniement du pouce ?

Si si, à cause des smartphones.

Je regarde ma fille… je n'arrive pas tellement à faire le lien. À penser : c'était l'Europe. C'est à la mère de ma mère que c'est

---

3 *L'ordre marchand se resserrait, imposait son rythme haletant. Les achats munis d'un code-barres passaient avec une célérité accrue du plateau roulant au chariot dans un bip discret escamotant le coût de la transaction en une seconde. […]*
  Le centre commercial, avec son hypermarché et ses galeries de magasins, devenait le lieu principal de l'existence, celui de la contemplation inépuisable des objets, de la jouissance calme, sans violence, protégée par des vigiles aux muscles puissants.
  Annie Ernaux, *Les années*, Gallimard, 2008

arrivé. L'inflation, le kilo de pain à cent mille Mark. Perdre son mari sauté sur une mine au front russe. Élever deux petites filles, compter chaque œuf, chaque pomme de terre.

Moi ? Je griffonne sur la liste des courses et je pousse mon caddy, je pousse mon caddy[4]...

Entre deux, je m'interroge sur l'éventualité d'une pénurie, d'une inflation, sur nos chances de s'en sortir. Et je regarde son pouce, celui d'une jeune fille remuer sur l'écran.

extrait de *Pièces de guerre en Suisse*, (théâtre, inédit)

---

4   *Les lieux où s'exposait la marchandise étaient de plus en plus grands, beaux, colorés, méticuleusement nettoyés, contrastant avec la désolation des stations de métro, la Poste et les lycées publics, renaissant chaque matin dans la splendeur et l'abondance du premier jour de l'Eden. À raison d'un pot par jour, un an n'aurait pas suffi à essayer toutes les sortes de yaourts et de desserts lactés.*
    Ibid.

ILS ONT USÉ DE MOI
COMME ON USE DE SA FORCE

Yvette Théraulaz

Ils ont fait de moi un trou
Comme une terre béante
Et ils ont usé de moi
Comme on use de sa force
Ils ont liquidé ma tête
Pour ne garder que mon ventre
Et ils m'ont tous enfilée
Par-devant et par-derrière

Ils ont tous tiré leurs coups
Comme on tire sa misère
Quand mon sang les a souillés
Ils en furent contrariés
Et quand mon ventre fut rond
Ils ne m'ont plus désirée
Et quand je fus accouchée
Ils ont parlé de cloaque

Quand un jour j'ai joui
Ils en furent dégoûtés
Ils m'ont traitée de salope

De garce et d'hystérique
Alors ils m'ont dégradée
Comme pour puiser leurs forces
Et ils m'ont traitée de pute
En m'accusant de leurs vices

Comme on prend tous les pouvoirs
Ils ont fait de moi un vide
Mais ils y ont mis des dents
En hurlant que je les castre
Ils ont fait de moi un trou
Comme une terre béante
Et ils ont usé de moi
Comme on use de sa force

À 12 ans à l'école j'ai écrit une rédaction. Le sujet était « Ma maman ».

Je réclamais le vote pour toi maman.

J'étais en colère : papa votait et pas toi. C'était incompréhensible pour moi une telle injustice, tu avais 40 ans.

Je précisais que si nous obtenions le droit de vote je faisais le serment de ne jamais voter communiste.

Tu avais 40 ans maman et tu ne pouvais pas voter. Tu as obtenu le droit de vote sur le plan fédéral, tu avais 51 ans.

À 40 ans tu n'avais pas le droit d'avorter légalement.

Tu as obtenu ce libre choix, tu avais 82 ans.

À 40 ans tu n'avais jamais eu droit à un congé maternité.

Quand nous l'avons enfin obtenu le 1er juillet 2005, après un siècle de luttes, tu étais morte depuis un an déjà.

À 40 ans tu ne pouvais pas ouvrir un compte en banque, choisir une profession sans le consentement de ton mari, tu ne pouvais pas garder ton nom de jeune fille en te mariant.

Tu as obtenu que le principe de l'égalité des sexes soit inscrit dans la constitution, tu avais 61 ans.

À 40 ans c'est ton mari qui décidait du domicile conjugal, c'est lui qui avait la puissance parentale.

Tu as 78 ans quand le nouveau droit matrimonial entre en vigueur.

À 40 ans ton statut juridique d'épouse par rapport à la fortune du ménage était le même que celui d'une enfant mineure.

Maman, toi, toutes les femmes vous étiez des mineures !

JE SUIS UNE FEMME

Rachel Zufferey

Tout est parti d'un jeu… des cubes, des figurines, un dragon…

Une réflexion, sortie de la bouche de mon filleul, âgé de cinq ans.

Une réflexion qui depuis, reste scotchée dans mon cerveau.

«Il faut toujours un chevalier pour sauver la princesse du dragon.»

Cette phrase m'a figée.

Littéralement.

J'ai regardé l'enfant. Lui ai souri, avant de lui expliquer que la princesse pouvait sûrement se défendre toute seule face au dragon.

Sa réponse a été catégorique: «Non, non, il faut un chevalier pour sauver la princesse.»

Et ce matin, alors que dehors, la neige tombe à gros flocons, mon esprit vole vers ce petit garçon, et vers cette enfant, cette petite fille, passionnée par les princesses.

Moi aussi, j'ai grandi avec les contes de fées.

À moi aussi, on avait raconté que la princesse est en difficulté, et que c'est le prince, cet homme merveilleux, qui vient régler tous ses problèmes.

Ces histoires m'ont bercée. Elles m'ont aidé à grandir. Elles m'ont créé des rêves d'amour. Mais j'avais ma volonté propre: je savais qu'il était loin, le temps des princes et des princesses.

Bien sûr, je jouais à la princesse.

Mais souvent, avant même que le «prince» ait pu ne serait-ce qu'arriver devant ma tour, j'étais déjà à la porte d'entrée. Pleine de ruse, je m'étais faufilée entre les pattes du dragon endormi. S'en suivait alors une dispute avec celui qui jouait le preux chevalier...

Un enfant, une petite fille, se forge son identité, dès le plus jeune âge. «Mais vous l'avez voulue, votre égalité!» Je décidais donc d'être une princesse en détresse, tout comme le preux chevalier, selon mes envies, mes histoires.

Est-ce toujours possible aujourd'hui?

«Il faut toujours un chevalier pour sauver la princesse du dragon.»

Pourquoi cette phrase me hante-t-elle?

Elle a «juste» été prononcée par un enfant de cinq ans.

Tout part d'un petit «juste».

Ce n'est pourtant pas un simple «juste».

Surtout quand je vois cette petite fille, qui au même âge, croit vraiment que le chevalier, que le prince, va régler tous ses problèmes.

Mon cœur tremble pour ce petit garçon, pour cette petite fille.

Personne ne leur explique. Personne ne leur raconte.

«Ne leur mets pas des idées féministes dans la tête», voilà ce qu'on me dit quand je tente d'aborder le sujet.

Mais qu'est-ce qu'être féministe?

Je ne sais pas être une féministe.

Je sais simplement être une femme.

Une femme avec des rêves, des envies, des ambitions.

Une femme coquette, sophistiquée, qui aime être bien coiffée, porter des robes, des vêtements qui lui siéent, des chaussures extravagantes.

Une amoureuse des sacs à main, obsédée par son smartphone et ses foulards.

Mais aussi une femme naturelle, simple, qui à peine rentrée à la maison vire ses vêtements de marque pour se jeter dans son jogging le plus confortable, pieds nus.

Je ne suis pas mariée, je n'ai pas d'enfants.

Comme beaucoup de petites filles, je rêve de ma robe blanche.

Et dans le même temps, cette indépendance que j'ai construite m'est précieuse.

Cette solitude.

Cette fierté que j'ai de me débrouiller seule.

Et cette ambition d'artiste, incompatible, dit-on, avec une vie de famille.

Ça aussi, c'est être une femme.

Je danse, je ris, j'écris.

Je vais au cinéma, je bois des mojitos sur une plage.

Je voyage.

Je porte un chapeau, des lunettes de soleil et du maquillage.

Je suis une femme.

Je m'occupe de mes filleuls, j'aime à la folie, je séduis avec passion, je rêve d'un bébé.

Je suis une femme.

J'ai des opinions, je les partage, je les assume.

Je sais me taire quand je le dois.

J'agis quand je le dois.

Ou pas.

Je suis une femme.

Je travaille avec intelligence et passion.

Je tiens ma maison en ordre.

Je file à un stage de danse, ou écouter une conférence.

Je suis une femme.

Et j'en suis fière.

Tellement de possibilités s'ouvrent à moi.

À nous.

Nous les femmes.

Multitâches physiquement et psychiquement. Le monde est à nous. Il l'a toujours été.

Passionnée d'Histoire, je me remémore les exploits des dames du temps jadis. Ces victoires discrètes, obtenues par ce que l'on appelait « l'art d'être une femme ».

Elles n'avaient pas l'égalité. Mais elles étaient respectées.

Aujourd'hui, nous « avons » l'égalité. Mais nous ne sommes pas respectées.

On essaie de remettre nos filles à la place de leurs ancêtres. Une place qui n'existait pas vraiment. L'art d'être une femme faisait voler cette place en éclats.

Les femmes manipulaient, manœuvraient dans l'ombre. Aujourd'hui, une femme veut jouir du soleil.

Une femme est une femme libre.

Une femme est une femme.

C'est cela que je veux transmettre à cette petite fille : qu'elle soit une femme !

Et qu'elle soit fière d'être femme !

Quant à ce petit garçon que j'adore, en grandissant, il m'observera.

Il observera les femmes autour de lui.

Et au final, il comprendra que non, les princesses n'ont pas toujours besoin d'un chevalier pour les sauver du dragon. Parfois oui, je ne pourrais me passer d'un homme. Et je respecte l'homme pour ce qu'il est. Mais je n'accepterai jamais qu'on me dise que je suis juste une femme.

Parce qu'être une femme,

C'est être tellement,

Et tout à la fois.

Mirjana Farkas

COMPAGNES

Marianne Enckell

E N 1890, EUGÉNIE COLLOT, TAPISSIÈRE PARISIENNE, militait
avec la Ligue d'affranchissement des femmes pour le droit
de vote; mais elle rejoignit bientôt le camp des abstentionnistes.
Le 9 mars 1893, ceux-ci organisèrent une «cavalcade», affublés
d'oreilles d'ânes pour moquer le suffrage universel; Eugénie et ses
copines portaient une pancarte: «Nous sommes des créatrices,
nous voulons être des candidatrices!»

Deux mois plus tôt, dans son journal *Le Père Peinard*, Émile
Pouget s'était écrié: «Bonnes bougresses et bons bougres, le Père
Peinard vous la souhaite bonne et heureuse!» Il est rare de lire des
adresses aussi inclusives; mais de sa compagne, «la mère Peinard»,
personne n'est parvenu à dénicher le nom d'état civil.

Les auteurs de notices biographiques ne se soucient pas toujours
de rechercher les compagnes anonymes, même celle qui «était également militante anarchiste» ou celle qui «assistait souvent aux
réunions du groupe». L'un échappe «à une extradition, grâce à
l'admirable dévouement de sa compagne»; un autre écrit «des
chansons d'enfants dont sa compagne composait la musique».
«En 1924, alors qu'il venait de se marier, lui et sa compagne tra-
versèrent l'Atlantique en passagers clandestins»: mais ils se sont
mariés en Espagne, où lui-même vivait sous un faux nom, comment les retrouver? Elles ont parfois un prénom, Rosa, Tounette,

Gaby, Yvonne, Nanette… Il n'y a guère que les auteures dont on connaisse le nom et le pseudonyme, Fanny Clar, Alexandra Myrial, Séverine.

– C'est sous les noms dont nous sommes fières que nous voulons être reconnues! La bonne Louise, la mère Peinard, Louise Quitrime, Victorine B., la Séraphine, Mimosa!

J'écris depuis plusieurs années des notices d'anarchistes pour le dictionnaire en ligne Maitron (mouvement ouvrier, mouvement social)[1]. Les informations sont fréquemment fragmentaires: quand elles proviennent de rapports de police, on apprend une date de naissance mais presque jamais la date de la mort, que l'on trouve parfois dans les registres d'état civil; et quand les hommes ne sont pas mariés, leurs compagnes n'ont souvent ni nom ni prénom, encore moins de dates de naissance. Combien de Madame Labouret, de femme Denhomme, de veuve Durand…

Il en va peut-être de même dans les dictionnaires biographiques de violonistes ou de communistes. Faut-il s'en plaindre? Plutôt creuser, lire des correspondances, chercher des pistes, faire des hypothèses, publier des résultats approximatifs. Reprendre les allusions à des couples militants, et doubler la notice. Redonner vie à des femmes anonymes, sans lesquelles le mouvement anarchiste, ou communiste, ou violoniste n'aurait pas été ce qu'il est.

Ne renonçons pas. Dans l'ensemble du dictionnaire Maitron, qui concerne essentiellement des militants et militantes francophones, on trouve moins de 5 % de notices de femmes; dans la section Anarchistes, nous en sommes bientôt à 10 %, et j'imagine que nous en trouverons d'autres.

---

1   http://maitron-en-ligne.univ-paris1.fr/

PASSE PAR LE VENTRE

Mélanie Chappuis

Elle prépare un hachis Parmentier pour sa petite-fille. Son plat préféré. Elle n'oublie plus désormais qu'elle l'aime sans fromage râpé par-dessus. Sa mie... elle a trente ans aujourd'hui. Elle est cette femme qu'elle rêvait de la voir devenir. Universitaire. Maître de conférence. Bientôt professeure. Ah, les femmes ont de la chance, aujourd'hui. Bien sûr, il reste l'égalité salariale, le partage des tâches ménagères, de l'éducation des enfants, de «la charge mentale», elle n'a pas très bien compris ce concept-là, elle demandera tantôt.

Elle n'a eu que des garçons, alors sa petite-fille, c'est quelque chose. Comment se fait-il que le hachis dore, sans fromage? Ses fils, ils aimaient la choucroute. Ils sont restés longtemps auprès d'elle, jusqu'à la fin de leurs études. Ils lui amenaient des amis, ils refaisaient le monde devant elle, presque avec elle. Elle a toujours été la seule femme à table. Cela lui conférait un statut. Elle s'informait. Elle avait un avis. Ils s'en souciaient. La cuisine n'a jamais été son fort, mais la nourriture lui donnait accès à eux. Elle remplissait leurs panses pendant qu'ils cogitaient avec elle. Qu'autour du dîner, ils la faisaient participer à leurs réflexions. «Un homme, tu le tiens par le ventre», lui disait sa mère.

Elle transmet l'information à sa mie, qui est arrivée et qui dévore le hachis à grandes bouchées. *Les études, le travail c'est bien, mais il faut aussi savoir nourrir les siens*, lui raconte-t-elle, en souriant de la voir manger de si bon appétit, elle qui est si mince et si jolie. *Mais grand-maman, elle faisait peut-être aussi allusion au sexe, ta mère*, lui dit-elle en riant, espiègle. *Un homme, tu le tiens par le BAS-ventre*, plaisante-t-elle encore. Sa petite fille est la seule avec qui elle parle de ce genre de choses. Elle sourit de la sentir si libre. Culotté, tout de même, d'aborder le sujet avec une vieille dame de son âge. Justement, ça la rajeunit. *Oh tu sais, ces choses-là intéressent surtout les garçons*, répond-elle, et son constat, sans qu'elle ne sache vraiment pourquoi, l'attriste. Si elle avait manqué quelque chose? Le sexe, pour elle, s'est limité à concevoir ses trois fils. Une fois nés, elle a estimé qu'elle en avait terminé avec le devoir conjugal. Son mari est allé voir des professionnelles, une fois par semaine, presque avec sa bénédiction. Sa mie poursuit à voix haute, devançant ses pensées.

– Grand-maman, tu ne t'es jamais masturbée?

– Non, ma chérie, jamais.

Les deux femmes sont gênées, puis émues, la question est sortie toute seule, la réponse aussi. La petite fille embrasse les mains de sa grand-mère, elle semble désolée. Ce n'est pas grave, se console la vieille dame, sa mie la prolonge, à travers elle, elle vivra ce qu'elle a manqué. À sa descendance, désormais, de faire avancer les causes qu'elle jugera nécessaires.

*

Sa mère a pris le contre-pied de sa grand-mère. Elle n'a jamais « nourri son homme ». Ni ses enfants, d'ailleurs. Jamais de repas cuisiné, ou peut-être parfois les dimanches à midi, de mauvaise grâce. C'était son combat à elle, ne pas faire à manger pour ne pas passer pour une femme soumise aux diktats de son genre. Elle ne l'a pas allaitée, non plus, pour ne pas être mère avant tout, par-dessus tout. Plus tard, elle lui a déclaré des milliers de fois que si elle avait faim, il y avait du pain et du fromage, dans le frigidaire. Elle sourit. Après avoir admiré l'inflexibilité de sa maman, elle s'en moque un peu : pour cette mère non nourricière, le combat ne sera finalement passé que par le ventre. Elle a cédé sur tous les autres points ; la fin de sa carrière avec l'arrivée de ses enfants, quelques amants contre les quelques maîtresses de son mari, plutôt que la liberté retrouvée et la fin d'un mariage raté.

Elle, elle aime cuisiner. Le hachis Parmentier. Les endives au jambon. Les spaghettis bolognaise ou carbonara, autant de plats qu'elle adorait petite et qu'elle ne mangeait que chez sa grand-mère. Elle les prépare en se félicitant d'être prête à accueillir son premier enfant. Et les suivants. Elle les régalera de ses plats. Mais elle ne cuisine que lorsqu'elle a mené à bien son travail de recherche, ou terminé la préparation de ses cours. Quand elle n'a pas bouclé ses dossiers, elle refuse de perdre du temps à cuisiner. Elle ne s'autorise ce lien à sa grand-mère que lorsqu'elle a su se donner d'elle-même une image de femme libre, forte, en marche vers l'égalité. Les jours sans, c'est son compagnon qui prépare le dîner, à peine moins souvent qu'elle. Régulièrement, ils cuisinent ensemble, tous les deux. Leurs amis disent que c'est rare, un couple qui ne s'engueule pas en faisant à manger. Elle aime le tandem qu'ils forment. Mais sa mère l'a prévenue, c'est lorsqu'elle aura des enfants qu'elle devra veiller à ne pas perdre son indépendance. Avant, on a l'impression que tout est gagné, égalité des chances, des salaires et des tâches. Or rien n'est jamais acquis pour les femmes. Toute victoire obtenue menace d'être remise en cause à chaque changement. Au sein du couple, ce sont les enfants qui représentent ce changement, au sein de la société, il pourra s'agir d'un gouvernement plus à droite, d'un chômage trop élevé, de coûts de la santé à résorber, et on devra à nouveau se battre pour travailler, être correctement rémunérée, pour le droit à l'avortement. *Sans compter que la pilule n'est toujours pas remboursée...* croit-elle encore entendre sa mère. Elle regarde son compagnon, à la dérobée. Elle n'a pas envie de lui. Elle n'a pas envie de préparer à manger. Elle lui en veut, par avance. Aura-t-elle un jour le sentiment d'avoir sacrifié sa liberté à sa famille ? Elle se remémore la promesse qu'elle s'est faite à elle-même, ne pas devenir aussi intransigeante que sa mère, ne jamais céder à l'amertume. Elle rejoint son homme autour du plan de travail. Il écrase les pommes de terre pendant qu'elle assaisonne la viande. Elle l'embrasse. Elle est pressée de lui faire un enfant. Pour le défi qu'il représentera de donner tort à sa mère.

BEL-AIR

Carole Dubuis

Carine est de retour dans le hall de la Tour.

Quelques lampes monumentales d'époque fonctionnent encore et assurent un peu de clarté au rez-de-chaussée. Plus rien sinon. La Tour est en très mauvais état, et la Municipalité ne voit pas l'utilité de préserver ce bâtiment qu'elle n'a jamais trouvé « beau ». Un vieux relent d'urine parvient au nez de Carine. Drogués et sans-abris squattent les lieux. Afin d'en arrêter l'afflux dans les étages supérieurs et inférieurs, on a bloqué ascenseurs et escaliers. Seul l'un des tapis roulants est en service ce soir-là, sous la haute surveillance d'un gardien. Carine lui présente son invitation. Dix minutes plus tard, elle sera tout en haut, dans le cercle très fermé de la prestigieuse Société littéraire.

Le restaurant Art déco – avec vue imprenable sur la ville – est l'unique espace de la Tour préservé par les autorités. La SL le loue tous les jeudis soirs pour des rencontres. Étudiants en Lettres, professeurs, écrivains ou éditeurs viennent y suivre des conférences en lien avec l'actualité culturelle. Les soirées se terminent autour d'un apéritif offert par le Service de la culture. C'est là que tout se joue : prise de contacts, remise d'un manuscrit, promesse de publication et critiques des dernières parutions. Carine ne manque jamais une réunion.

La conférence va bientôt commencer. Carine cherche Clothilde dans la foule. Elle ne la trouve pas. Elle rejoint deux écrivains débattant du dernier livre d'une connaissance commune. Carine écoute leurs propos, aimerait réagir, mais aucun son ne sort de sa gorge. Les deux auteurs la dévisagent pendant plusieurs secondes avant de prendre congé d'elle, dédaigneux. Carine retourne au bar. Avant même d'entendre sa voix, elle sent le parfum de Clothilde qui l'entoure, intense.

– Comment vas-tu, chérie?

Carine n'a pas le temps de répondre. Clothilde vient de déposer un baiser juste au coin de sa bouche. Elle enchaîne:

– On s'attrape après la présentation, ok?

Puis, elle se tourne vers le barman:

– Un gin tonic!

Quelques secondes plus tard, Clothilde saisit son verre avec élégance avant de poursuivre son chemin, suivie d'une cour d'auteurs avec lesquels elle échange des plaisanteries. Elle s'assoit au premier rang, applaudit le conférencier – un ami de longue date – et rigole de plus belle. Clothilde est à la tête de la maison d'édition la plus renommée de la ville. Carine ne peut pas détacher les yeux de sa nuque. Elle se tourne vers le barman à son tour:

– Un gin tonic!

Carine espère pouvoir se concentrer pendant une heure. En général, dès que ça commence, elle a tout de suite envie de dormir. Tout le monde semble pourtant si inspiré. Les gens rentrent chez eux, certainement enchantés, nourris par ces discussions, avec le désir prolifique de lire ou d'écrire. Ce n'est pas son cas. Par précaution, Carine s'installe au dernier rang.

Elle se réveille avec les applaudissements et cherche immédiatement Clothilde dans le public. Elle ne la voit pas et en profite pour se rendre aux toilettes. Elle s'arrête d'abord au lavabo pour se rafraîchir. En se regardant dans le miroir, elle remarque la trace de rouge à lèvres que Clothilde a laissée en l'embrassant, tout à l'heure. Elle la touche avec son doigt, longtemps. Elle disparaît ensuite dans une cabine afin de se soulager. Elle tire la chasse, pousse la porte et tombe sur Clothilde qui se tient devant le miroir à son tour. Elle vient de remettre du rouge et remue lentement ses lèvres charnues pour en étaler la couleur. Carine est attirée par le mouvement de sa bouche. La tête lui tourne. Peut-être le gin tonic?

Elle sort des toilettes, recommande un verre au bar et s'endort presque sur le comptoir, malgré le brouhaha de la salle. La voix de Clothilde, quelque part, la réveille brusquement.

– Oh secours! Quelqu'un peut m'expliquer comment ce livre a pu être publié? C'est un scandale!

Toute la salle s'offusque en chœur avant qu'une jeune femme ne rétorque:

– C'est un peu catégorique, non?

Les discussions s'arrêtent net. Les têtes se tournent très lentement vers l'inconnue qui vient de s'exprimer. Clara, une jeune étudiante en français, est là pour la première fois. Clothilde la scrute minutieusement avant de répondre:

– Vous avez quel âge?

– Vingt ans.

Clothilde éclate de rire avant d'asséner:

– Alors tout va bien: vous avez encore le temps de changer de voie.

Les membres de la SL hurlent de rire alors que Clara vacille. Tremblante, elle marche très péniblement jusqu'à la sortie. Carine aimerait la soutenir, mais elle reste paralysée. Bientôt, Clara cherchera l'escalator qui l'a conduite ici, en vain. Elle empruntera les escaliers pour descendre. Elle se perdra dans les couloirs de la Tour, puis dans la solitude. Une fois la jeune fille disparue, Carine commande un autre gin tonic.

– Alors, chérie?

Carine reste muette pendant un long moment, concentrée sur les dents de Clothilde qui font craquer quelques glaçons.

– Tu en es où avec ton roman?

Carine rougit et baisse la tête. Quelqu'un pose une main sur son épaule.

– Bienvenue à la Société littéraire!

Clothilde vient de saluer Simon, le fiancé de Carine qui se tient derrière elle.

Carine se redresse, se retourne et lui fait face.

Clothilde prend congé d'eux et se dirige vers l'immense terrasse extérieure, en forme de demi-lune, qui surplombe la ville. Elle s'allume une cigarette.

– Faut qu'on parle.

Carine regarde la fumée de la cigarette de Clothilde s'envoler vers le ciel. Simon insiste:

– Tu m'écoutes?

Carine ne sait pas quoi lui dire, ni quoi faire de lui. Elle lui offre un verre avant de lancer:

– J'ai envie de fumer.

Carine marche jusqu'à la terrasse rapidement. Clothilde n'est déjà plus là. Elle est de retour au bar, à côté de Simon, et lui tend une paille afin qu'il goûte à son gin tonic. Quand Carine les rejoint, elle voit une grosse tache rouge sur la joue de Simon. Elle regarde son fiancé et propose:

– On y va?

– Clot ilde vient de commander des gin tonics.

Clothilde leur tend immédiatement deux nouveaux cocktails. Carine le boit quasi cul sec. Simon le sirote plus doucement. Puis, Carine dépose son verre vide sur le comptoir avant d'enchaîner:

– On va y aller.

Clothilde approche sa main du visage de Carine et glisse doucement une de ses mèches derrière son oreille.

– C'est dommage, on n'avait pas terminé notre discussion…

Puis, Clothilde lui caresse les cheveux et l'amène contre sa nuque. Carine, ivre, se laisse aller et ferme les yeux.

– Alors, ce roman?

Carine ouvre un œil. La bouche de Clothilde est là, tout près. Simon s'est mis à danser sur un vieux jazz, en dégustant la fin de son gin tonic.

— On pourrait en faire un chef-d'œuvre.

La bouche de Clothilde se rapproche des lèvres de Carine.

— Laisse-moi faire.

Carine est arrivée là où elle voulait. La bouche de Clothilde va bientôt la manger. Elle fera partie de ses auteurs édités, elle fera partie d'elle. La langue de Clothilde lui lèche maintenant le cou, puis mouille bientôt ses lèvres et insiste pour les pénétrer. Les lèvres de Carine restent closes. Elle pense à Clara qui marche dans le noir, tombe, pleure, crie… Clara, perdue, affamée, blessée, bientôt morte peut-être… Clara, de retour au rez-de-chaussée de la Tour. Reviendra-t-elle ?

— Laisse-toi faire.

Clothilde n'est plus qu'une énorme bouche rouge vif qui essaie de l'engloutir. Carine repousse les lèvres envahisseuses. La tête lui tourne. Elle court aux toilettes et vomit dans la cuvette.

— Je veux le lire maintenant.

Derrière la porte de la cabine, les talons de Clothilde.

— Donne-le-moi.

Carine se relève, s'essuie la bouche et ouvre la porte.

— Je suis certaine que tu l'as sur toi, ce roman.

Clothilde s'approche et commence à la fouiller.

— Alors, où elle se cache cette clé USB ?

Carine reste passive sous les mains de Clothilde.

— Tu verras, avec du travail, j'en ferai une œuvre comme il faut.

Carine plonge une main dans son soutien-gorge et en ressort l'objet tant désiré. Elle le jette dans les toilettes. Clothilde se précipite pour repêcher la clé. Carine l'attrape violemment par les cheveux et enfonce sa tête dans la cuvette. Elle la maintient sous l'eau jusqu'à qu'elle cesse de remuer.

Carine revient dans la salle. Elle est vide et obscure. Seul sur la terrasse, Simon contemple la pluie qui tombe sur la ville. Elle se rapproche de lui. Il la prend dans ses bras avant de proposer :

– On redescend maintenant ?

J'AI LE DROIT

Marie-Christine Horn

J'ai le droit de me lever chaque matin et d'aller turbiner. J'ai le droit de conduire, de fumer, de boire du café noir, du thé vert ou du vin rouge. J'ai le droit de râler d'une bouche cosmétique contre ces inconscients qui roulent en pneus d'été en plein hiver. J'ai le droit de passer mes journées à organiser des transports par camion, bateau, avion. J'ai le droit de percevoir un salaire, et de payer des factures. J'ai le droit de commander le mazout, de tondre la pelouse, de tailler les arbres, de planter des laitues, de faire la lessive, de repasser les culottes, de visser des cadres de porte, de déménager des meubles, d'astiquer ma maison. J'ai le droit d'avoir une maison à mon seul nom. J'ai le droit d'avoir un permis de voiture, de moto, d'élévateur-gerbeur. J'ai le droit de lire, d'écrire, de regarder la télé et d'en faire. J'ai le droit d'élever seule deux enfants, de gérer leurs budgets, les inscriptions école et armée, de les engueuler autant que de les embrasser. J'ai le droit de les trouver épuisants et merveilleux. J'ai le droit de les nourrir comme j'ai le droit de les laisser cuisiner pour moi. J'ai le droit de péter un plomb de temps en temps et de les étouffer d'amour l'instant qui suit. J'ai le droit de refuser de participer à des débats littéraires parce que j'estime le thème sexiste. J'ai le droit de m'énerver d'avoir à m'énerver d'en expliquer les raisons. J'ai le droit de me moquer de cette mode des hommes qui se foutent à poil alors que les femmes se battent pour avoir le droit de se rhabiller. J'ai le droit de mépriser les hommes qui ne tiennent pas les portes aux femmes, comme tous ceux qui confondent égalité et absence de classe. J'ai le droit d'aimer les hommes qui ont de la classe. J'ai le droit d'être malade et de me laisser badigeonner la plante des pieds de Vicks par mon gars sans me sentir diminuée. J'ai le droit d'aimer quand il me soulève dans ses bras et que ces mêmes pieds ne touchent plus terre. J'ai le droit d'être nulle autant que brillante, sans être décapitée pour autant. J'ai le droit d'avoir un caractère affirmé, sans tolérer pour autant qu'on prétende qu'il est mauvais. J'ai le droit d'être gentille quand on est gentil, mordante quand on est bégueule, désagréable quand on me fait chier. J'ai le droit de dire chier. J'ai le droit de n'avoir besoin de personne pour vivre, et d'être incapable de vivre sans personne. J'ai le droit, sans doute parce que c'est plus facile en Europe et que d'autres femmes avant moi ont défendu leurs droits, d'être une femme entière et de me respecter en tant que telle. Merci à elles. À votre tour, Mesdames, de prendre vos droits.

Notre pair

Notre pair qui es odieux
Que ton nom soit désavoué
Que ton règne cesse
Que ta volonté ne soit plus faite au sein des familles comme en politique
Donne-nous aujourd'hui l'égalité salariale
Réfléchis avant d'offenser car nous ne pardonnerons plus ceux qui nous offensent
Et ne te laisse plus séduire par la tentation : nous nous sommes délivrées du patriarcat
Car c'est à nous qu'appartiendront le partage des tâches, les hautes fonctions et le droit sur notre corps
Et pour ce siècle et les prochains
Amène.

NI REINE NI ROI

Chloé Falcy

Il y a très longtemps, une reine arriva dans une grande cité, escortée par une cour opulente. Le roi le plus sage de son temps accorda une audience à cette souveraine étrangère, qui avait osé adorer un autre dieu que le sien. Il avait voulu lui faire courber la tête, l'assujettir, mais c'était sans compter son corps et son esprit. Elle sut si bien le charmer qu'elle devint sa compagne, non sa servante ou sa concubine. De leur amour, naquit un fils, qui fut d'abord le sien. Elle cueillit le fruit de cette union, et retourna dans son pays, où elle régna jusqu'à sa mort.

La femme ôte les doigts de son clavier, regarde ce qu'elle vient d'écrire. Une histoire bien connue, maintes fois répétée et réécrite. Celle de la reine de Saba, dont les siècles ont brouillé la frontière entre la réalité et le mythe. C'était un conte qui n'avait cessé de l'interpeller, depuis la première fois qu'elle l'avait entendu. Encore aujourd'hui, elle ne sait pas quelle morale en tirer, quel en est le protagoniste principal ou le vainqueur : le roi Salomon, ou la reine du pays de Saba ? On dit parfois qu'il s'agit d'une légende d'émancipation de la femme face à l'homme, mais elle en doute. Le simple fait de garder sa couronne fait-il vraiment de Balkis, Bilqis, Makéda – ou quel que soit son nom – une héroïne ?

Bien sûr, dans cette version de l'histoire, la reine de Saba n'est ni faible ni soumise. Cette légende est l'une des rares à mettre en lumière une femme qui ne se laisse pas définir par un homme. Et pour cause, il en existe peu d'autres. La protagoniste n'est pas réduite à la traditionnelle image de l'ange ou de la pute, les deux extrêmes qui ont longtemps régi l'identité féminine. La pureté virginale et maternelle de Marie contre la tentation séductrice et diabolique d'Ève ou de Lilith. À bien des égards, ce conte est bien une histoire féministe.

Pourtant, à bien y réfléchir, il n'est que le reflet de la situation de nombreuses femmes. Elles peuvent réussir, charmer les puissants, mais cela sera plus ardu que pour un homme. Comme une femme des temps modernes, Balkis doit se montrer plus intelligente, faire des arabesques et des courbettes pour garder sa couronne. Elle est forte, mais sa réussite se résume à ne pas se faire asservir et à donner une descendance mâle à l'un des rois les plus célèbres de l'histoire.

La femme réfléchit, les doigts serrés autour d'une tasse de café. Elle sait ce qu'elle a à faire, ce qu'elle a choisi comme acte de résistance. L'activité à laquelle elle s'est plu à ajouter un e, comme si on pouvait amener l'égalité par la simple féminisation des mots. Elle peut retourner les phrases dans sa tête, se débattre avec cette langue qu'elle tente de domestiquer, où le masculin s'impose déjà comme le neutre. En un mot, elle peut écrire. Dans ce cas, offrir une autre version à la lecture d'autrui. Réécrire l'histoire et la réalité, pour qu'une autre subsiste dans ce monde parallèle auquel on a donné le nom de fiction. Elle se penche sur son clavier, animée par l'élan jubilatoire qui la prend souvent quand elle donne naissance à ses vies d'encre et de papier :

Il y a très longtemps, un roi convoqua la reine dont la renommée éclipsait la sienne. L'adoratrice du soleil pénétra dans sa cour avec une procession si éclatante que le souverain et ses courtisans en eurent les yeux brûlés. La reine n'attendit pas qu'il lui donne la parole, car personne n'avait à lui dire quand parler ou se taire. D'un geste de la main, elle balaya les ordres qu'il souhaitait lui donner. Elle marcha droit vers lui, grimpa les marches de son trône et lui trancha la tête, figeant ses traits en une expression de surprise, incapable de croire que son autorité venait d'être défiée. Elle la ramassa par les cheveux et la brandit aux yeux du monde, pour lui montrer que le roi le plus sage de son temps n'était qu'un homme fait de chair et de sang et que son règne s'achevait aujourd'hui. Elle la laissa tomber au sol, et s'assit sur le trône demeuré vacant. Elle gouverna le royaume pendant un millier d'années, durant lesquelles plus aucune femme ne dut jamais se taire dans l'assemblée.

Que la lumière fut. Le texte était fixé dans son support précaire, matérialisé, noir sur blanc, sur l'écran de l'ordinateur. C'était si facile. L'écrivaine sourit. Cette version lui plaît beaucoup. Elle est flamboyante, sans équivoque. Solaire comme aurait dû l'être cette reine qui n'avait eu besoin de personne pour régner. Elle aussi a souvent voulu couper les têtes qui voulaient la définir, lui dire quand parler, comment s'habiller, comment penser. Elle en a rêvé quand elle a réalisé les grands écarts qu'elle devrait accomplir pour réussir, même si elle ne sait toujours pas quel est le but qu'elle poursuit. Pourtant, cette version manque de nuances. Si elle est jouissive, éclatante, elle contribue à démontrer que les rapports de force qui régissent les êtres humains ne sont pas le fait de sexe ou de genre, mais de pouvoir.

Il y a très longtemps, un roi convoqua la reine qui avait osé adorer un autre dieu que le sien. À peine eut-elle pénétré dans la cour qu'il la dépouilla de ses richesses et de son titre, la laissant plus dénudée que ses suivantes. Il réduisit ses sujets en esclavage, déroba ses atours pour vêtir ses propres concubines. Il ne lui permit d'ouvrir la bouche que pour lui trancher la langue. Puis, il la traîna par les cheveux jusqu'à la demeure d'un riche notable, à la place domestique où elle fut consignée jusqu'à la fin de sa vie. Et le roi ne laissa plus jamais une femme parler dans l'assemblée.

L'écrivaine secoue la tête. Non, cette alternative n'est pas non plus la bonne. Certes, elle cristallise la situation qui a dominé le monde à de nombreuses époques, mais, en fin de compte, elle ne fait que justifier sa colère, destructrice et inepte. Ce n'est pas celle qu'elle souhaiterait raconter. Elle se recule sur sa chaise, porte la main à sa bouche, à sa tempe, boit une nouvelle gorgée de café. Si elle avait le pouvoir de réinventer l'histoire, quel conte de son temps voudrait-elle léguer à la postérité des ans ? Quelle légende, quelle utopie voudrait-elle raconter aux générations à venir, si seulement les êtres humains ont la chance de vivre vingt nouveaux siècles ? Une nouvelle fois, elle laisse ses doigts donner corps à une fiction qui, peut-être, un jour, n'existerait pas uniquement entre les pages d'un livre :

Il y a très longtemps, une reine arriva à la cour d'un roi. Les deux êtres se firent face, à la même hauteur, et se reconnurent. Pas dans leurs différences, mais dans leurs forces et leurs points communs. La femme et l'homme jetèrent leurs titres dans la poussière, car aucun ne devait régner sur l'autre, ni sur qui que ce fût d'autre. Dehors, il n'y eut ni tambour ni trompette – après tout, c'est ainsi que cela aurait dû toujours être. D'ailleurs, le monde avait assez à faire pour leur être témoin. Le soleil s'était mis à briller plus fort ces derniers temps, brûlant le derme de la terre. Les deux êtres levèrent les yeux au ciel mué en incendie, pénétrèrent d'un pas commun dans le monde. Et, ensemble, la femme et l'homme tentèrent de le changer.

AU CULOT

Sabine Dormond

À la vue de l'enveloppe, Christine sentit son cœur s'emballer. C'était la troisième fois seulement en sept ans qu'on daignait répondre à ses sollicitations. Elle la déchira en se préparant mentalement à une fin de non-recevoir. Elle n'était plus à une déception près. Elle avait même frôlé le découragement, mais l'arrivée de l'Argentin avait redonné une bouffée d'oxygène à une lutte au bord de l'essoufflement. Quand on vient de Buenos Aires, on apporte forcément un vent de renouveau.

À la lecture des premières lignes, Christine sentit ses jambes se dérober. Une vague de jubilation gonfla dans sa poitrine, explosa en un cri qui retentit de la cave au grenier. Les mains tremblantes, elle vérifia la signature : un simple prénom qui lui tira des larmes de joie.

Il la recevrait donc le vingt-huit janvier de quinze heures à quinze heures trente. Trois semaines pour se préparer à la rencontre la plus marquante de son existence. Même si au fond, elle s'y préparait depuis sept ans, le délai lui parut soudain vertigineusement court. Une journée de congé, un aller-retour en vol low cost aurait pu suffire. Elle décida de s'octroyer une semaine entière. Ce ne serait pas de trop pour s'en remettre.

Les vingt et un jours suivants, elle pria avec une ferveur renouvelée. Elle pria pour qu'aucun contretemps n'entraîne le report ou l'annulation du rendez-vous. Elle pria pour la santé de son prestigieux interlocuteur. Elle pria pour être à la hauteur. Elle pria pour être entendue. Elle pria pour rester en possession de ses moyens malgré le trop-plein d'émotion. Elle pria pour que sa requête ne disparaisse pas noyée dans le flot des revendications de ceux qui se pressaient au portillon.

Le jour venu, son laissez-passer ouvre une brèche dans la garde. On la conduit jusque dans l'antichambre. La pièce la frappe par son dénuement et sa simplicité. À quinze heures, la porte s'ouvre et le pape en personne l'invite à entrer. Sa joyeuse cordialité met tout de suite Christine à l'aise. Elle se sent juste face à un être humain. S'il impressionne, c'est par sa bienveillance.

— Vous avez fait bon voyage?

— Oui, Sa Sainteté.

— Appelez-moi François, voulez-vous?

Pour toute réponse, elle rougit de la racine des cheveux au bout des orteils. Son hôte fait mine de ne pas s'en apercevoir.

— Je viens de relire votre lettre. Vos arguments sont d'une incontestable pertinence.

— Il ne s'agit bien sûr pas que de mon cas particulier. Je parle au nom de toutes les aumônières.

— J'avais bien compris.

— Nous avons fait exactement les mêmes études que les curés…

— Il est indécent que la religion catholique vous cantonne dans un rôle subalterne.

Surprise de ne rencontrer aucune résistance, Christine perd pied. Aurait-elle accompli toutes ces démarches pour prêcher un convaincu? Mais si le plus haut niveau de la hiérarchie abonde dans son sens, comment se fait-il… Comme s'il lisait dans ses pensées, le Saint-Père ajoute:

— Vous savez, il faut du temps pour faire évoluer les mentalités. Seul, je suis dans l'impuissance face à la curie. J'ai besoin du soutien de la base.

Une lueur de déception passe dans le regard de Christine. Elle s'était crue parvenue et voilà qu'un autre obstacle se dresse, pluricéphale, rivé à ses convictions inamovibles. Un obstacle contre lequel se fracasse même la volonté pontificale.

— Mais vous n'êtes pas venue pour rien, assure le Saint-Père avec un sourire guilleret. Votre requête va faire parler d'elle. Toute une équipe de journalistes nous attend pour la photo. Ensuite, je vous laisse à la conférence de presse, de mon côté, j'ai encore quelques affaires à régler.

Les mots manquent à Christine pour exprimer sa gratitude, mais la spontanéité vient à la rescousse. Sans prendre le temps de mesurer la portée de son geste, elle écarte les bras et serre très fort le petit homme espiègle contre son cœur. En y repensant plus tard, elle se redemandera plus d'une fois d'où lui est venue cette audace. Juste avant de passer dans la pièce où patiente l'essaim de journalistes, le pape lui glisse à l'oreille :

— Mais rassurez-moi, vous n'allez pas vous contenter de briguer un poste de curé ? J'espère bien voir un jour une femme me succéder.

GRÈVE OU RÉVOLUTION?

Amélie Plume

J'aurais pu le tuer
Pas seulement ce soir-là
Depuis des années
Je pourrais le tuer tous les soirs

Imaginez
Tous les soirs après le repas
Que j'ai cuisiné seule vaisselle
Dans la machine etc.
Enfin
Je m'affale au salon
Ouf pouf

Monsieur y est installé
Bientôt
Sa voix brise le silence
Perce mes oreilles « N'a-t-on pas droit
À une tisane ce soir? »
Un droit? À se faire servir? Par une boniche?
Que je serais? Que je suis? Babette la boniche?

Je me lève
C'est à ce moment précis
Que je pourrais le tuer
Avec le piano à queue
Que je soulèverais
Et lui lancerais à la tête
Dans une pluie de notes
Égarées de la Marche funèbre
De Chopin

Je sers la tisane
En faisant la gueule
Tous les soirs
Depuis des années
Inutile
Maurice ne lève pas les yeux
De son journal
En disant merci

C'est décidé
Aujourd'hui sera
Le dernier jour
Du service obligatoire
De Babette la boniche

Le lendemain… « N'a-t-on pas droit ? »
Hardiment tremblante
Je réponds « Non »

Enfin
Monsieur lève les yeux
De son journal
Tout grands ouverts

Les yeux la bouche
Trois orifices stupéfaits
Posés sur moi
« V... v... v... veux-tu
Que je la prépare moi-même
La tisane?»
«Oui»

Comme un soldat hagard
Sortant d'une tranchée
Maurice titube
Vers la cuisine
«Ch... ch... ch...
Chérie? Puis-je te demander
Où est la bouilloire? merci
Et la théière?... et les tasses...
Et le sucre et les petites cuillères
Et le plateau? merci merci merci

Quand il me sert
Je remercie
Sans lever les yeux
De mon journal

Le lendemain soir
Ouf pouf
Silence
Long silence...
Long long...
Finalement «Veux-tu que je...
Encore ce soir?»
«Oui»

«Voudras-tu… que je la prépare…
Tous les soirs?»
«Oui»
«Serais-tu devenue… féministe?»
«Oui»
«Ma Babette féministe! On aura tout vu!
C'est la grève
Ou la révolution?»
«Les deux»

NOTRE MÈRE

Aude Seigne

J'ai rangé les affaires dans ma valise : le veston qui fait son petit effet quand je suis invitée à parler de mes livres, l'ordinateur et le tire-lait, la petite robe noire que je n'ai pas portée, les préservatifs que je n'ai pas utilisés. J'y ai mis aussi un livre, le premier que j'aie lu depuis la naissance de ma fille il y a huit mois. Le premier qui ne parle pas d'éducation, de poussée dentaire, de pic de développement, des origines du langage, de comment ne pas se faire mordre le téton par son bébé. C'était un livre pour enfants, écrit par un ami, et j'étais presque aussi fière de l'avoir lu en entier que d'en connaître l'auteur. J'ai refermé la valise, rendu les clés de la chambre à la réception, et je suis partie vers la gare.

J'y étais déjà l'an dernier, à ce festival du sud de la France. J'avais moulé mon ventre de six mois de grossesse dans une robe de soirée rouge, croisée sous la poitrine. C'était rouge comme mon désir, rouge comme ma colère. Enceinte, je ne m'étais jamais sentie aussi sexy, je n'avais jamais autant détesté les gens. J'avais passé la journée sur une chaise, à dédicacer mes livres, mon voisin était l'auteur d'albums d'entomologie, il avait sorti son aquarelle et dessinait une série de fourmis sur d'épaisses feuilles granulées en me parlant d'Ernst Jünger. Ses dessins étaient beaux, apaisants, mais j'avais envie de lui dire que je m'en foutais d'Ernst Jünger, que j'étais en train de créer un être, là-dedans, et que c'était si mystérieux et palpitant que toutes les grandes idées et phrases me semblaient tout à coup ridicules. En fin de journée, quand j'ai commandé à mon voisin un dessin pour mon bébé à naître, il s'est exclamé qu'il n'avait pas vu. Il a voulu savoir les mois, quatre, cinq ? J'ai dit presque sept, il avait l'air sceptique. Tout en restant respectueux, on voyait qu'il trouvait mon ventre trop petit, et qu'il se demandait pourquoi je n'avais rien dit avant (je l'aurais fait s'il m'avait laissé en placer une). Mon autre voisin de table était un vieil auteur que je connais depuis longtemps, et qui m'avait parfois amusée par un petit côté paternel qu'il prenait avec moi. Il a posé une main sur mon ventre, a dit alors tu nous raconteras ton accouchement dans ton prochain livre ? J'ai eu une respiration plus courte, comme si on venait de me frapper sur le plexus solaire. Avec lui je n'aurais pas fait l'amour. J'en avais envie avec presque n'importe qui pourtant. Je repensais aux antiques déesses de la fertilité, toutes en plis et en bourrelets. Comme elles, je me trouvais une petite part d'immortalité du fait de porter la vie.

Aujourd'hui je laisse ma valise à la consigne de la gare, je veux voir la mer. J'ai trois heures à tuer avant le train du retour et je ne serais pas contre, disons, ça ne me dérangerait pas de, par hasard, recroiser l'auteur aux grands yeux clairs. De tout le festival, je n'ai pas su s'il me draguait, tout comme je n'ai pas su non plus si la jeune auteure essayait de me séduire. Mais leurs corps m'ont fait du bien, leurs regards glissaient sur moi et me délimitaient, j'étais à nouveau une personne à part entière, et non plus le sein d'une mère, les fesses d'une compagne. J'ai bu et ri dans la nuit douce et dès que le père de ma fille m'a informé qu'elle dormait, je me suis laissée dériver par les regards, les conversations, comme je le faisais autrefois.

L'an dernier, le restaurant pour les auteur-e-s ouvrait à 19h. À 19h02, je commandais à manger. En sortant, un photographe m'avait tendu sa carte, il travaillait pour une agence de mannequins, il voulait savoir si j'étais déjà représentée, garder cette ligne, enceinte, c'était magnifique. Au début j'avais été flattée. C'est vrai que je me sentais aussi belle que les filles de la rubrique « maternité » dans les catalogues de vêtements en ligne. Mais je n'avais pas envie de poser, j'avais envie d'être touchée, caressée, d'appartenir. Je vivais dans une sorte de joie pour tous les corps qui existent, des pieds potelés dépassant des poussettes aux torses nus d'acteurs dans les séries télé. Le photographe continuait, j'avais faim, je me dandinais d'un pied sur l'autre en faisant des mouvements de cheville pour favoriser la circulation. Ça ne s'arrêtait pas. Je me suis vue lui casser les dents contre les pavés, à mi-chemin entre Frances McDormand dans *Fargo* et Gal Gadot, elle aussi enceinte quand elle tournait *Wonder Woman*. Wonder Woman est fatiguée. Wonder Woman aimerait un bain.

La mer n'est pas spécialement belle, mais c'est la mer. La lumière est grise et intense, l'horizon instable joue son rôle de confusion et d'immensité. À l'époque des déesses à bourrelets, on l'appelait notre mer, car on n'en connaissait qu'une. Ma mère a quitté son village natal à dix-huit ans parce qu'elle étouffait, ma fille montre déjà de farouches signes d'indépendance. Il faudra que je lui explique que les déplacements, les coups de tête, font aussi partie de ma vie. En attendant j'enlève mes chaussures, je m'avance à pieds nus dans cette mer unique. Je redeviens un peu enfant, têtue, légère. Et je me réjouis de retrouver ma fille.

Albertine

DIS-LE
CONVERSATION EN MODE DE MONTAGE

Heike Fiedler

5 femmes assises autour d'une table de bistro.

A : Encore, toujours et aussi. Cela ne date pas d'aujourd'hui que nous revendiquons le possible, souvent rendu impossible, hélas.

C : Et cela ne tient point au fait que nous ne nous exprimerions pas. Déjà jadis, les temps ne semblaient pas être propices et d'ailleurs ne le sont toujours pas complètement, par exemple du reste, à en juger certains faits.

F : Des siècles durant, les femmes furent les oubliées de l'histoire.

D : Dire leurs noms, pour être. Pour être connectée à leurs histoires, à leurs territoires, pour être ensemble, entièrement.

J : Pour partager nos délires, nos détresses, nos sagesses, nos colères, nos espoirs, nos savoirs comme savoir qu'elle se mordit la langue, Timycha. Elle s'arracha la langue et la cracha au milieu du visage du tyran qui voulait qu'elle dévoile le secret de Pythagore.

A : Et Eve mordit aussi. Elle mordit dans la pomme de la connaissance et le résultat, voilà : chassée. Elle cracha le morceau, peut-être, au milieu du pa du paradis, dis voir.

F : Et dire, qu'elle se mordit la langue, quand elle tomba au milieu de son a de son app de son appartement, à cause de son appartenance.

C : La violence domestique tue une personne tous les quinze jours en Suisse. C'est important de le dire, nous le disons, me too, je dis aussi et cette interrogation : *Homme, es-tu capable d'être juste ? C'est une femme qui t'en fait la question ; tu ne lui ôteras pas du moins ce droit. Dis-moi. Qui t'a donné le souverain empire d'opprimer mon sexe ? Ta force ? Tes talents ?*

J : Nous continuons, nos rêves, nos revendications. C'est important de le dire, nous le disons, me too, je dis aussi : c'est la fin annoncée du patriarcat.

F : *C'est de la même source que dérive l'opinion qu'il faut que les filles consacrent la plus grande partie de leur temps à des ouvrages d'aiguille ; cependant de toutes les occupations qu'on pourrait leur donner, c'est celle qui rétrécit le plus leurs facultés.*

D : Aujourd'hui nous persistons, côte à côte, coûte que coûte, was es auch kostet, que cela soit dit : il faut foncer. Avançons.

C : *On n'a pas seulement refusé aux femmes ce pouvoir de généraliser les idées ; quelques écrivains ont encore prétendu qu'il était incompatible, sauf un petit nombre d'exceptions, avec leur caractère sexuel.*

A : Donc, continuons. Il ne faut pas céder. Par exemple aux voix qui disent que si elles n'y sont pas, c'est parce qu'il n'y en avait pas.

D : Justement pas. Leur silence se compose d'absences imposées.

J : *Il est temps d'élever la voix ; le bon sens, la sagesse ne sauraient plus observer le silence ; il est temps de dire définitivement.*

F : Il est temps de le dire, de crier, crions, car le cri non plus, ce n'est pas l'homme qui l'aurait inventé.

C : *Dans toute société… la convention est nulle si la majorité des individus qui composent la nation n'a pas coopéré à sa rédaction.*

F : Ergo – aucun pays n'a de convention. Revendiquons. Nos rêves ne sont pas à vendre. Réclamons et agissons. Qui est contre les quotas ? Tout ce que nous n'avons pas encore, on l'aura.

J : *Femme, réveille-toi ; le tocsin de la raison se fait entendre dans tout l'univers ; reconnais tes droits.*

D : Aujourd'hui encore et aussi. Sortir du silence, nous sommes là, contre les millénaires d'oppression et de violences de toute sorte, visibles et invisibles nuisances, dont l'impact se mesure à long terme ou dans l'immédiat.

F : *Sans ignorer à quel point la question raciale et postcoloniale devrait être prise en compte dans l'étude des oppressions.*

A : Il y a aussi la question de la répétition. De nos luttes qui régressent parfois progressent sans cesse, la grève nous appartient. Comme elle leur appartenait. Quand elles faisaient la grève du sexe, pour que les hommes renoncent à s'entre-tuer. Les femmes se coalisaient pour une cause commune, la paix, afin de sauver la Grèce.

C : En l'occurrence, c'est-à-dire à présent, il faut sauver des continents entiers pour ne pas sombrer encore plus dans l'absurdité des guerres. Que faire ?

D : Et l'histoire des femmes romaines, qui refusaient d'enfanter tant que le Sénat n'aurait pas restauré le droit qu'on venait de leur ôter : celui de voyager en voiture. Leur combat fut victorieux et on instaura la fête des Carmentalia pour con mémorer ce succès. Le dire, le dire encore.

J : Quand tu lis les *Métamorphoses* d'Ovide. L'histoire de Philomèle. Violée, sa langue coupée, afin qu'elle ne parle pas, dit la légende, ou fut-ce une réalité ?

A : Comme celle de l'étudiante et ses mains coupées, après avoir été. Des milliers de personnes manifestaient pour montrer leur indignation devant les violences faites aux femmes. Il ne faut pas oublier.

J : Faire un autre saut dans le passé : *les 5000 personnes qui ont été incriminées, de 1420 environ à 1782, pour sorcellerie en Suisse, parmi lesquelles 3500 ont subi la peine capitale, dont 60 à 70 % de femmes.*

C : Lorsqu'en 2014, Zurich a voulu rendre hommage à ses sorcières, un des partis politiques s'y est opposé, pareil pour la réhabilitation juridique de Catherine Repond, dite la Catillon, dernière sorcière romande brûlée en 1731.

F : Mais il y a une rue, à Genève, qui honore la dernière femme déclarée être sorcière et exécutée le 6 avril 1652 : Michée Chauderon.

A : Nous manifestons, nous revendiquons, *une totale liberté quant à l'usage de [nos] corps.*

F : Convoquer Hypatie ou Aspasie, leurs noms parmi les noms de la longue liste qui commence bien avant l'Antiquité gréco-romaine. Femmes chasseures, philosophes ou mathématiciennes.

D : Même ça, il faut le dire encore : *les garçons ne sont pas meilleurs en mathématiques que les filles. En revanche, il est vrai que ce stéréotype aussi a la vie dure. C'est une représentation partagée par beaucoup.*

J : Que cela commence au plus jeune âge. Revenir et dire offrir. *Les livres d'enfants, dépourvus de clichés stéréotypes,* pas de jouets de ménage ni de guerre, par ailleurs.

C : Rendre attentive aux pubs sexistes, aux représentations. L'homme qui regarde au loin tandis qu'elle lève son regard pour le contempler. Tout cela est trop cru. Ôte l'envie de parler en métaphores. La nudité marchandise, sexualisée. En face, notre slogan : « Mon corps m'appartient. »

D : Qu'il soit nu ou voilé, délibérément. Qui sont-ils pour nous dire que la liberté est un leurre ou que la liberté de la liberté me rend libre ou que mon choix me serait imposé.

A : C'est le pouvoir du patriarcat qui nous enferme, nous opprime, où qu'il soit. Le 14 juin 2019, nous ferons la grève, comme en 1991 : « Les femmes bras croisés, le pays perd pied. »

D : *Une communauté soudée, animée par la même volonté de déjouer les stratégies paternalistes et la violence sexiste, terreau fertile aux viols et aux uxoricides.*

F : NON veut dire non et quand nous disons oui, cela veut dire OUI, aussi.

C : Mes filles sont devenues adultes. Je fais la grève avec elles nous faisons.

J : La grève pour le climat aussi, pas seulement. Pas d'amélioration du climat sans révolution des femmes.

D : Un climat serein et égalitaire, aussi au niveau des salaires.

A : Dis-le dire, crier, il reste beaucoup à faire. Et nous la ferons la grève, le 14 juin.
Toutes, en levant leur verre :
Oui !

Sites et auteures citées dans l'ordre des fragments en italiques : Olympe de Gouges : *Femme, réveille-toi !*, p. 32 ; Mary Wollstonecraft : *Défense des droits des femmes*, p. 111 ; Mary Wollstonecraft : *op.cit.*, p. 75 ; Olympe de Gouges : *Lettre au peuple*, p. 107 ; Olympe de Gouges : *Femme, réveille-toi !*, p. 38 ; Olympe ‹ e Gouges, *op.cit.*, p. 39 ; Françoise Vergès : *Le ventre des femmes*, p. 213 ; Martine Ostorero : *La chasse aux sorcières dans le pays de Vaud – XVe-XVIIe siècle*, « Introduction » ; Régine Pietra : *Les femmes philosophes de l'Antiquité gréco-romaine*, p. 36 ; aussi.ch ; lab-elle.org ; Chloé Delaume : *Mes bien chères sœurs*, p. 111/112.

NUIT

Mary Anna Barbey

La soirée promettait d'être sympa. Nous venions tous de commencer cette formation, nous ne nous connaissions pas encore bien. Justement, c'était le but, nous connaître mieux, rigoler un peu ensemble. Une soirée cool et chaude à la fois.

J'avais mis des habits d'hiver, pull et pantalon, et attaché mes cheveux. Je suis une jolie fille, je le sais parce qu'on me demande parfois de faire le mannequin. Je suis aussi une bien bronzée car mes parents ont voulu tenter le coup du métissage. Non, c'est faux, ils ont voulu tenter l'amour, couleurs blanc et caramel, Polynésie et Danemark. Mélange classe qui leur a bien réussi.

Pour moi, être métis n'a pas toujours été facile, cependant, à cause de ce que j'appelle le racisme ordinaire et aussi du problème actuel des migrants. Mais ça va. Je me débrouille plutôt bien, d'habitude, avec ma différence.

Autour de la table, nous étions sept, quatre filles et trois garçons. Une Polonaise, un Italien, les autres des francophones. Il y avait de la bière, du vin blanc, des viandes froides et du fromage. Ce n'était pas un banquet. C'était juste pour faire connaissance.

Vers vingt-deux heures, certains ont trouvé qu'il nous manquait un dessert. À cinq, ils ont proposé d'aller au café du coin chercher des glaces. Moi, je n'avais pas envie de sortir. Il faisait froid et quelques personnes suffisaient bien pour porter des glaces. J'ai laissé faire. Je suis quelqu'un de confiant, rester seule avec le dénommé Rick, qui disait qu'il n'aimait pas les desserts, ne me posait pas de problème.

Je l'ai trouvé assez joli garçon mais impressionnant par sa taille. Un brin frimeur aussi, avec ses chaussures Gucci et son air de monsieur-qui-sait-mieux-que-tout-le-monde. Je ne voyais pas pourquoi il se donnait de tels airs alors qu'en général, notre génération… oui, certains d'entre nous, nous parlons de « notre génération » parce que nous nous sentons vraiment différents de ceux qui nous ont précédés. Il arrive que nos grands-parents nous comprennent un peu mieux que nos parents parce qu'ils ont vécu un truc qu'ils appellent mai 1968 où l'argent et la carrière comptaient moins, en tout cas c'est ce qu'ils disent. Nos parents, eux, pensent surtout à tous les dangers qui nous guettent et à comment nous allons réussir dans la vie, les bonnes notes et cetera. Mais réussir, ce serait quoi? Nous ne sommes pas forcément indifférents à l'argent mais faire carrière, pour se pousser sans arrêt, écraser les autres et finir en burn-out, ne nous tente pas vraiment. Nous voulons une vie et un travail qui nous plaisent, c'est tout.

Bref, pour revenir à Rick, je n'aimais pas trop sa façon de se montrer au-dessus de la foule, et ambitieux avec ça, mais il ne faut pas se fier aux premières impressions. Je me méfie, et pour cause, des préjugés qui peuvent fausser notre appréciation des autres. J'étais donc prête à faire connaissance avec ce garçon en attendant le retour de nos camarades.

Je n'en ai pas eu le temps. À peine la porte fermée derrière ceux-ci, Rick m'a attrapée par le bras et entraînée sur le canapé. Il avait une force incroyable, ça faisait mal, j'ai poussé un cri et j'ai vu dans ses yeux qu'il avait envie de ça, de me faire mal, en plus de l'autre chose.

Je ne sais pas si les gens qui sont en train de se noyer se rappellent vraiment toute leur vie mais là, je me suis vue petite, à six ans, jouant sur la plage avec les copains, et il y avait un garçon, un plus grand, qui a voulu m'enlever le maillot, qui m'a roulée dans le sable, j'en avais partout, du sable, même dans les yeux, alors je lui ai donné un coup de pied et il faut croire que j'ai visé juste parce qu'il s'est mis à hurler et à se plier en deux et à appeler sa maman. Pendant ce temps, j'ai vite remonté la culotte de mon maillot et filé à la maison encore toute couverte de sable. Je n'ai rien dit à mes parents, ils seraient allés donner une claque au gamin. Ce n'était qu'un gamin et moi, j'avais honte, je ne sais pas pourquoi

Peut-être que Rick était aussi comme ça, un gamin qui voulait montrer sa force et à qui personne n'avait dit qu'il fallait respecter les filles. Je ne comprends toujours pas ce qui lui a pris. Avant, il n'y avait eu aucun geste, aucun regard échangé. Il m'a juste sauté dessus une fois que nous étions seuls. Je n'étais même pas habillée sexy.

Je me demande comment on devient un violeur. Il est vrai que mon père m'avait toujours dit attention, les garçons ne pensent qu'à ça. Je trouvais qu'il exagérait mais peut-être qu'il avait raison.

Sur le moment, je ne savais que faire. Rick – mais je devrais l'appeler le violeur – pesait tellement sur moi, de tout son poids, que je n'avais aucun moyen de lui décocher un coup où que ce soit. Après m'être un peu débattue, en vain, j'ai fermé les yeux pour ne pas voir son visage et j'ai fait le mort. C'était d'ailleurs facile car tout mon corps était devenu un bloc de pierre. J'ai pensé que les hommes renonçaient peut-être quand la fille était un bloc de pierre. Je ne vois pas comment on pourrait avoir envie de faire l'amour avec du granit. Pour l'amour, il faut des corps qui se laissent faire, qui s'ouvrent. Enfin, c'est ce que j'avais imaginé jusque-là. Je n'en savais rien à vrai dire. J'étais vierge.

Il m'écrasait toujours.

Il avait retiré, non, arraché mon pantalon et ce qu'il y avait dessous. Maintenant je l'entendais faire des espèces de grognements et là, la nature ne nous fait pas de cadeau, on ne peut pas fermer les oreilles. Tout à coup il s'est mis à jurer, salope de fille et des expressions du genre. J'ai compris qu'il essayait de faire son truc mais qu'il n'y arrivait pas parce qu'à cet endroit-là j'étais aussi devenue un bloc, peut-être même un bloc de glace, ce qui m'aurait bien plu, il aurait été figé en bonhomme de neige et je l'aurais écrabouillé avec un bâton et il se serait écroulé, son nez-carotte tombé dans la boue et pfft, plus de Rick, plus de bonshommes, plus jamais ça.

Mais il était toujours là à haleter au-dessus de moi et à m'injurier. Je sentais son haleine sur mon visage, dans mes cheveux, c'était à vomir, je n'en pouvais plus de ce type abject et même bête puisqu'il croyait qu'une fille comme moi, c'était du trash et qu'on pouvait faire ce qu'on voulait avec et qu'elle aurait même envie d'un gars comme lui, grand et fort et important et blanc. Je l'ai trouvé tellement minable à ce moment que j'ai cessé de faire le mort. J'ai pris une grande respiration et je l'ai repoussé de toutes mes forces. Et ça a marché.

Je me suis levée, sonnée mais surtout effrayée à l'idée qu'il pouvait recommencer ou vouloir me punir de son échec ou dieu sait quoi encore. J'ai vite remis mon pantalon, tiré mon pull vers le bas et enfilé mon manteau. Pendant ce temps, je ne savais pas où il était, ni ce qu'il faisait. Il est peut-être allé aux toilettes, oui, sûrement, la chambre était devenue silencieuse. Je pense qu'il voulait quand même son plaisir. Ou être sûr que le problème, ce n'était pas lui.

Dehors, le froid m'a consolée. Le froid allait bien avec le granit. Je serais désormais une fille de granit, dure comme la roche. Froide, comme cette nuit noire. Je ne raconterais rien à personne. Parler, ce serait chercher les ennuis. Je voulais être tranquille, finir ma formation, retourner dans ma vraie vie.

J'ai regagné ma chambre, me suis déshabillée, douchée, peignée longuement. Puis je me suis mise au lit. Je ne voulais plus penser.

DISCRIMINATIONS
UNE PETITE FILLE ET SA GRAND-MÈRE

Nadine Mabille

– J'en ai marre de cette société pourrie! Tu te rends compte que mon collègue gagne plus que moi pour le même boulot! On n'avait jamais parlé de nos salaires. Avant ça ne se faisait pas mais nous on est d'une autre génération. On n'a pas ce tabou. Comme il voulait demander une augmentation, on s'est mis dans le sujet. J'ai donc su. Et j'ai eu un tel choc que j'ai éclaté. Il a haussé les épaules, n'a pas réagi. Je n'ai pas pu m'empêcher de penser qu'il trouvait ça normal. Toi, tu trouves ça normal?

Et c'est pas tout! Il y a une semaine on m'a fait une remarque sur ma tenue. J'avais mis un petit top, avec cette chaleur. Mais il paraît que ça pourrait déranger certaines personnes et qu'il faut rester décente! Le collègue, lui, avait sa chemise ouverte et on voyait ses poils! D'ailleurs, pour les mecs, on ne parle jamais d'indécence. Quand ils se baladent en ville, ils peuvent se mettre n'importe quoi sur le dos ou même rien du tout. On ne les siffle pas s'ils sont torse nu mais on admirera leurs pectoraux qu'ils musclent au fitness! Les sifflements, c'est toujours réservé aux filles! Et la meilleure! J'ai lu quelque part que des écoles voudraient rétablir l'uniforme pour que toute marque de féminité trop évidente soit camouflée! Un sacré progrès! Quant aux discussions entre mecs, je peux te dire qu'elles n'ont pas beaucoup évolué! Ils parlent encore de filles faciles si l'une d'entre elles leur fait des avances ou si elles répondent tout de suite à leurs propres avances. On est où là? Au Moyen Âge? Parle-t-on d'un mec facile quand il aligne les conquêtes et s'en vante? D'ailleurs on trouvera toujours une excuse aux gars qui ont une conduite douteuse. Les pauvres, ils sont victimes de leur virilité, de leur testostérone et les filles n'ont qu'à mieux se tenir. Pire encore, s'ils commettent une agression sexuelle en étant bourrés, il y aura toujours quelqu'un pour les défendre. On mettra d'abord la faute sur l'alcool qui désinhibe. Et après sur la fille qui n'était pas à jeun non plus et n'avait pas un comportement adéquat. Du reste, qu'est-ce que c'est choquant une fille qui est ivre! Il faut voir les commentaires sur les réseaux sociaux! Mais il y a une solution très simple à ce problème, lit-on aussi. Les filles devraient prendre des cours d'autodéfense. On ne peut tout de même pas empêcher les garçons de boire.

— Tu enrages et je te comprends. Pourtant tu t'es bien moquée de moi avec mon féminisme! Ça te semblait d'un autre siècle! Complètement dépassé! Tu me disais que les discriminations entre filles et garçons ça n'existaient plus. Que c'était du passé. De mon époque! Tu es en train de t'apercevoir qu'elles sont toujours là, peut-être moins visibles, moins violentes mais bien réelles. On ne s'est pas battues en vain. Maintenant c'est à vous d'y aller! Un sacré boulot pour votre génération.

FAIRE CORPS, AVEC

Marie-Claire Gross

Criii, Schlaf, Tchouk… Elle n'écoute jamais cette émission en temps normal, ce n'est pas un truc pour une jeune femme de vingt et un ans comme elle, mais aujourd'hui c'est différent. Sourcils taillés, lèvres soulignées au gloss, elle bronze sur le linge bleu posé sur le banc et le jingle s'instille dans ses oreillettes dernier cri.

Là, dans le parc, trois joggeuses slaloment entre les containers un Polar pulse autour du bras. Au-dessus du banc, le vent des bouleaux délavés caresse ses cheveux noirs lissés tandis qu'à l'antenne une courte phrase claque :

« Il est urgent de faire corps, ensemble. »

Faire corps : les mots la traversent, ils résonnent dans sa chair même.

Elle croise ses jambes fuselées dans un jeans moulant, avale une gorgée sucrée, pose la canette de thé froid sur le tapis de trèfles et replonge dans cet instant où elle courait derrière son frère d'un étage à l'autre dans l'immeuble de leur enfance.

Elle veut le rattraper, il est déjà loin, sur le trottoir, la route. Elle saisit sa planche à roulettes sous les boîtes aux lettres ; sa semelle frappe le sol, l'écart se resserre, elle glisse rapide sur le bitume, elle va le rattraper. Sur la petite place circulaire, son frère l'attend après la ligne d'arrivée, entouré d'une grappe de copains, les mains sur les hanches et le skate posé à la verticale entre ses jambes. Son regard à elle oublie vite les yeux doux et goguenards alentour, il est happé par une porte de garage qui se hisse sous un plafond. Dans l'obscurité de cette grotte, elle devine du métal qui rutile, un visage de profil penché sur un capot entrouvert et une main qui y plonge. Un moteur bruit dans la noirceur feutrée, on dirait du magma bouillonnant ou un félin qui ronronne. Pour elle, c'est là que tout commence.

Là, dans le parc, deux employés de la voirie sortent d'une camionnette munis de longues pinces pour ramasser des déchets. Elle pose son pied sur la canette vide, l'écrase et la jette dans une poubelle évasée. Dans ses oreillettes, une voix chantante prend la parole, celle d'une femme jeune, comme elle :

« Samedi dernier entre vingt et vingt-deux heures, on m'a sifflée dans 'a rue ; dans le train, un inconnu a cherché à poser sa main sur ma jambe en soufflant : "Tu sais que tu es mignonne ?" Je rentrai chez moi d'un stage à l'ONU exigeant jupe sobre et classique… »

Se fondre dans le noir, se camoufler dans des habits vastes, porter des pantalons à tout prix : elle connaît. Éviter les regards lourds, les mots épais qui rabaissent, les insultes qui s'incrustent et se diffusent comme lierre dans la tête : elle connaît. Avant, quand elle prenait le train le soir, elle ne regardait personne dans les yeux, et quand elle entendait des voix d'hommes dans une rue, elle enfilait ses oreillettes, montait le volume et baissait la tête jusque chez elle, se glissant dans la nuit pour qu'on oublie sa présence. Depuis le permis, le métal la protège : top court, piercing visible au nombril, robe pourpre fendue sur le côté, elle porte en soirée ce qu'elle aime, avec des talons qui arquent ses pieds si elle le désire, avec du Red Passion 267 sur les lèvres si ça lui plaît. Sa voiture est comme une part d'elle. Elle aime les courbes chaudes du métal indigo, la main sur les vitesses, le pied sur l'accélérateur ; elle aime les kilomètres avalés et à venir, et la voix de la machine dont le ventre lui révèle ses secrets. Le volant en main, elle se croit un instant maîtresse de sa vie, même dans les bouchons. Sa voiture, c'est son terrain de jeu, une chambre d'amour sur roues, le monde qui s'ouvre sur des rues, des croisements, des routes, des rencontres, des paysages et des cols, jusqu'à la mer ; sa voiture, c'est son rêve, sa liberté.

Là, dans le parc, une femme qui porte un foulard sur la tête attaché sous le cou s'assied sur le banc en face. À la radio, un jeune homme prend la parole :

« On ne pourra jamais les comprendre, les femmes : on n'a pas d'utérus. »

Ces mots font comme ces cercles concentriques rappelant qu'un galet a été lancé dans l'eau. Des sensations oubliées ressurgissent en elle ; c'est comme si des barres métalliques battaient ses reins. Et un souvenir refait surface.

Elle les attend. Elles vont venir, c'est sûr. Tout va bien. Elle prend son bus quatre jours par semaine jusqu'au garage. Son apprentissage se passe bien, elle se sent pousser des ailes : elle est la seule des filles qui ont réussi le test d'aptitudes à avoir décroché cette formation. Elle les attend. Elles vont venir. Tout va bien ; oui, elle le dit, sourit. Et attend. Compte le retard, décompte les jours qui s'écoulent. Cinq ? Quinze ? Huit ? Ses seins n'ont jamais été aussi beaux, ils bombent fiers comme des phares, on dirait des grape-fruits ; leur peau de pêche. Test négatif. Elle rêve d'ocre dans le slip. Qu'est-ce qu'elle fera si ? À l'intérieur, elle se pétrifie. Passent les jours. Attendre ; et prendre rendez-vous. Et derrière un paravent, une voix mécanique prononce : test positif. Ses nuits se morcellent. Elle se dit : poule sans tête. Corps qui n'en fait qu'à sa tête. Dedans, c'est le désert. Elle se terre chez elle en chien de fusil, se tait, n'en parle pas. Sa douleur secrète. Faire corps avec soi. Avec son choix. Oui, tout va bien : au garage, elle sait diagnostiquer les problèmes et démonter un moteur.

Là, dans le parc, des adolescents courent sur la verdure. On délimite un carré avec des cônes, on désigne des équipes ; après un coup de sifflet, une petite brune tire un ballon en l'air, les bras tendus.

Dans ses oreillettes, elle reconnaît la voix douce et ferme de la journaliste qui l'a interviewée l'autre jour au café à côté du garage :

« Maintenant, parole à Carla Blicher, une jeune mécanicienne sur automobile… »

La première fois qu'elles se sont rencontrées lors d'un service, elle a expliqué à la cliente que le système d'injection de sa voiture posait problème. La cliente, une journaliste, l'a invitée à participer à une émission sur la place des femmes dans la société. Elle a dit : oui.

« … Carla qui exerce un métier "masculin" à 98 % d'après les statistiques… », continue la journaliste à l'antenne.

Cette interview ferait de la publicité pour le garage a dit son patron tandis qu'elle sondait le dessous d'un coupé chic à l'atelier. Elle, elle voulait parler de la force nécessaire malgré les bras de levier, de l'odeur de gomme des pneus, de son intégration dans l'équipe, des clients qui la prennent pour une secrétaire à la réception et qui, des points d'interrogation dans les yeux, la retrouvent, en combinaison et souliers épais, à huiler et desserrer des boulons avec une clé, à changer des jantes ou à vidanger une machine à l'atelier. Mais la journaliste l'a emmenée ailleurs en lui posant une question qu'elle n'attendait pas :

« Qui vous a aidée à devenir celle que vous êtes aujourd'hui ? »

La phrase résonne dans ses oreillettes.

« Je n'en serais pas là s'il n'y avait pas eu Dominique », elle s'entend dire.

Elle pense aux auditeurs, à la question qu'ils doivent se poser : c'est qui Dominique ? À la radio, une pause musicale remplace les mots. Elle revoit Dominique qui sèche les cheveux longs des copines à la piscine, qui passe avec elle et ses frères dix heures dans un train pour rejoindre Mylène en mission, qui fait la lessive et caramélise le sucre dans la poêle en préparant une tarte Tatin. La musique s'égrène encore. Dominique qui prend congé quand elle est malade alors que Mylène n'ose pas le faire même si elle y a droit, Dominique qui demande un travail à temps partiel,

Dominique la voix étranglée, la buée dans les yeux quand elle reçoit son CFC.

« Dominique, c'est mon père. »

Elle reconnaît les inflexions de sa propre voix.

À l'antenne, elle s'entend répondre à la journaliste que non, son père ne lui a pas transmis la passion des voitures, que lui, il est plutôt écolo, train et vélo. Puis elle explique :

« Il m'a montré que malgré les cases assignées on a, parfois, dans ce qu'on est et dans ce qu'on fait, une part de liberté. »

CABANON DE JARDIN

Mélanie Richoz

– J'ai pris rendez-vous chez Chintu.
– Chintu?
– Le masseur dont je t'ai parlé la semaine dernière…
– L'Hindou qui masse dans un cabanon avec un vibro?
– C'est ça. D'après Déborah, il est vraiment super! J'ai quand même un peu la trouille… Il paraît qu'il ne parle pas français: il baragouine l'anglais, et pour le reste, il s'exprime avec des gestes.
– C'est déjà quoi l'idée?
– Ch'ais pas trop. Il te rééquilibre les chakras, je crois. Tu dois te déshabiller et te coucher sur une table sans trop de tabous.
– Ça coûte combien?
– Cent cinquante francs. Mais si t'as pas les moyens, tu peux donner moins. Il ne fait pas ça pour l'argent.
– Tu m'files son numéro, s'il te plaît?
– Tiens. Si tu veux y aller, contacte-le au plus vite: il retourne en Inde à la fin du mois.
– Je l'appelle ce soir. Il consulte où?
– À Bellerive. Regarde, Déborah m'a fait un plan: tu sors de l'autoroute, et tout de suite après les feux, tu tires à droite. C'est la dernière villa de l'allée, sur la gauche. Tu ne sonnes pas, hein! Mais tu traverses le jardin et tu toques à la porte du cabanon.

*

– C'était comment?
– Bah, euh… Très pro, mais… déroutant! J'ai crié sur la table.
– Crié?
– Son vibro, ça… ça secoue! J'ai essayé de résister, pis après, j'ai tout lâché.
– Ah, oueh?
– Deux fois!
– Ah, oueh!

*

– Alors, et toi?
– Pareil, j'ai aussi crié. J'ai d'ailleurs pensé à toi et j'ai eu envie de rire! À poil dans ce cabanon, face à cet inconnu qui…
– Arrête, ça m'fout mal à l'aise.
– Mais non, c'est drôle!
– Moi, j'ai honte.
– Pourquoi?
– Avec du recul, je trouve que c'est ridicule et que ça ne rime à rien! Puis, je m'dégoûte.
– Mais non…
– Tu t'rends compte, on y est allées en connaissance de cause et en plus, on a payé.
– C'est pas un drame.
– Si! C'est traumatisant. Et j'aimerais qu'on n'en reparle plus jamais.
– Comme tu voudras. Pourtant, t'avoueras que c'était libérateur. Quand j'suis arrivée chez Thomas, je lui ai sauté dessus et on a fait trois fois l'am…
– Arrête, j't'ai dit. Ça m'dégoûte!
– Ok!

*

Vingt ans plus tard, quand elle pense à Chintu, elle rit encore. C'était son premier orgasme.

VOL ORDINAIRE

Lolvé Tillmanns

La violence sexuelle, la discrimination au travail, le corps trop beau, le corps trop laid. J'avais tout le matériau disponible, là, dans mes souvenirs de fille, de femme. J'avais l'embarras du choix, mais c'est toi qui es venue sur mon papier. Tu t'es imposée, toi qui peux être si discrète. Tu viens tous les jours à mes cours de français, si tu es absente, je sais que les effets de la ménopause t'empêchent pour quelques heures de réfléchir. Tu me l'as expliqué, ça ne va pas cette ménopause, ton corps te fait mal et tes fils et ton mari n'y comprennent rien.

Tu apprends bien, patiemment et avec intelligence, tu poses des questions fines, ta curiosité me tient en éveil. J'aime tant cette étincelle dans tes yeux lorsque tu as fait tienne une règle de grammaire ou la prononciation d'un mot difficile. Tu es de celles qui aiment savoir, comprendre, connaître. Tu es de celles qui se révoltent. Lorsque ton mari gueule que tu n'as pas à être fatiguée, que tu ne travailles pas, tu réponds et casses les assiettes que tu as si bien frottées. Bien sûr que tu travailles, du matin au soir, pour les servir, pour qu'ils étudient, travaillent, aillent au bistrot, pour qu'ils vivent leur vie sans souci, propres, bien nourris et choyés. Pour leur vie, tu donnes la tienne. Tu ne le voulais pas, tu l'as fait parce que tu devais le faire, fille. Tu voulais étudier, grignoter des baklavas, gagner ton argent et danser avec des garçons superbes, impossible, femme. Le patriarcat t'a volée. Il t'a volé ta vie. Mais tu es forte et généreuse, alors tu insistes, tes fils ne se marieront pas trop jeunes, leurs fiancées apprendront un métier, sortiront en boîte de nuit et si elles ne veulent pas de bébé, c'est très bien aussi.

Tu es restée cette jeune fille intrépide et drôle qui brille dans tes yeux lorsque tu réussis un exercice. Tu ressembles à ma grand-mère, mais tu n'es pas ma grand-mère, tu es ma sœur. Tu es une part de moi, une part de nous, une part de notre féminité. Tu es solidaire, tu es féministe, tu es merveilleuse. Je t'admire. Et le 14 juin, que tu parviennes ou non à défier ton mari, je ferai la grève à tes côtés.

NE PLEURE PAS, CRACHE!

Anne Bottani-Zuber

Eva avait passé une mauvaise nuit et dans le train bondé, elle n'arrivait pas à se reposer. Il fallait qu'elle parle au gérant et ça l'avait tenue éveillée une grande partie de la nuit. Et puis, quand enfin elle avait réussi à s'endormir, elle avait fait un rêve. Elle devait changer son bébé, le poser sur la petite table, mais au moment où elle voulait le soulever du sol, elle se rendait compte qu'elle ne pouvait pas. Eva n'avait plus de mains. Le bébé hurlait, il avait certainement les fesses en feu, mais Eva ne pouvait rien faire. Alors elle sortait, dans la nuit, traversait le petit village et courait vers la maison de sa mère. Celle-ci était sur le pas de la porte, pas étonnée de voir débarquer sa fille au milieu de la nuit, pas étonnée de voir ces moignons qui se tendaient vers elle, dans un geste de supplication.

À la hauteur de la gare de triage de Denges, le train s'arrêta. On annonça un incident technique. Il dura longtemps. Eva allait être en retard, très en retard. C'était mal parti pour ce qu'elle voulait demander. Elle envoya un message à Sylvia, une de ses collègues, pour qu'elle avertisse le gérant qu'elle ne serait pas à l'heure à cause du train.

Eva attendrait la pause du matin et au lieu de sortir fumer une cigarette, elle monterait au deuxième étage. Elle frapperait au bureau du gérant, il serait là, il ne sortait pratiquement jamais de son bureau. Il lui dirait d'entrer, il la regarderait d'un air étonné, il avait toujours l'air un peu étonné et à cause de cela, alors qu'il était plutôt bel homme, cet air faisait qu'il n'avait aucun charme. Vraiment aucun. Bref, il lui dirait d'entrer et lui demanderait : « Vous désirez, Madame Kümmer ? » Il prononçait « coumère » alors que c'était « cumère » qu'elle s'appelait, elle le lui avait fait remarquer une ou deux fois, mais à présent elle y avait renoncé.

Elle lui dirait : « Monsieur Clausen, j'ai quelque chose d'important à vous demander. Cette année j'ai eu des frais supplémentaires, ma fille a eu besoin d'un appareil dentaire, je dois encore de l'argent au dentiste, j'ai déjà payé presque l'entier de la somme mais il me reste 500 francs à payer alors j'ai pensé, comme à la fin de l'année, vous nous donnez une prime, et qu'on est en novembre, pourriez-vous me faire une avance, pourriez-vous me donner la prime déjà maintenant ? » Elle ajouterait : « Vous savez, j'ai une fille, elle s'appelle Line, elle a quatorze ans. »

Eva serait debout, car bien sûr, il ne lui aurait pas demandé de s'asseoir. Elle essaierait de le regarder bien en face, mais ce n'était pas certain qu'elle y arriverait.

Il aurait l'air non seulement étonné, mais carrément ahuri et lui répondrait que cela n'était pas possible, qu'il était désolé, mais que verser ou non des primes de fin d'année n'allait pas de soi. Ça dépendait de la Direction générale et non de lui.

C'est cela qu'il répondrait. Elle en était sûre.

« Ça dépendait de la Direction générale et non de lui. » C'était cela qu'il avait répondu, l'année dernière, lorsqu'elles étaient montées discuter avec lui, Sylviane et elle, pour demander au nom de toutes les caissières que la pause de l'après-midi à laquelle elles avaient droit soit respectée.

Pour ce qui est des pauses, elles avaient obtenu gain de cause, car cela ne dépendait ni du gérant, ni de la Direction générale, mais de la Loi sur le travail. Il avait suffi que Sylviane prononce le mot «syndicat» pour obtenir ce à quoi elles avaient droit. Toutes les caissières étaient allées boire un pot pour fêter leur victoire et Sylviane était montée sur la table et avait dit que quand même, le monde n'était pas si mal fait.

Mais pour ce qui était de la prime de fin d'année, c'était une autre histoire, Eva savait bien qu'il n'y avait aucune loi qui obligeait l'employeur à quoi que ce soit.

Il fallait qu'elle joue fin, très fin.

Elle aurait pu se mettre à pleurer, mais elle n'avait pas les larmes faciles.

Elle aurait pu dire qu'elle travaillait pour Ufri depuis dix ans, qu'elle avait toujours donné entière satisfaction, et que depuis dix ans, elle recevait une prime et que de la donner un mois avant, pour la Direction, ça ne changeait rien. Mais elle n'avait pas envie de dire cela, ça aurait été perçu comme trop arrogant.

Il fallait qu'elle mette Monsieur Clausen de son côté. Qu'elle lui parle des dents de sa fille, qui étaient vraiment toutes de travers, et du dentiste, qui malgré ses demandes réitérées, n'était pas d'accord de lui faire crédit et qui interrompait son traitement si elle ne payait pas dans les délais. «Vous avez des enfants, Monsieur Clausen, je le sais parce que vous nous l'avez dit un jour, à Sylviane et à moi, alors vous pouvez comprendre. Interrompre le traitement, ma fille ne s'en remettrait pas. Je vous demande simplement de faire le relais entre ma demande et la Direction.»

Bon, il ne fallait pas qu'elle parle de ses demandes réitérées, Monsieur Clausen n'aimait pas quand «ses» caissières parlaient trop bien. Des demandes réitérées, les mots lui venaient tout seuls, elle avait fait sa matu tout de même, et ce n'est pas caissière qu'elle aurait voulu être mais professeur de français. Simplement ça ne s'était pas fait.

À dix-huit ans, elle était tombée enceinte, avait mis au monde une petite fille, et le père, dont elle était follement amoureuse et sur lequel elle pensait pouvoir compter, s'était volatilisé. Sa mère n'était pas bien riche. Elle pouvait l'aider à garder la petite, mais pas la soutenir financièrement. Alors elle avait cherché du travail. Elle chercha à travailler comme secrétaire, elle ne trouva pas d'emploi, elle n'était pas qualifiée pour ça. Caissière, c'était ennuyeux mais c'était payé 3800 francs. La mort dans l'âme, elle se décida à chercher un emploi de caissière. Les 3800 francs n'étaient pas de trop.

Elle arriva avec beaucoup de retard. Le gérant supprima sa pause du matin, ainsi que celle de l'après-midi et pour prévenir toute contestation, il lui dit, avec son éternel air étonné : « Vous êtes encore gagnante, je vous demande de travailler vingt minutes de plus alors que vous êtes arrivée avec une demi-heure de retard. »

Dans le train du retour, elle songea que quand on est pauvre, on s'arrange pour ne pas avoir les dents de travers.

Elle essaierait le lendemain. Pourvu que le train ne soit pas en retard.

La nuit suivante, elle fit un rêve. Elle devait changer son bébé, elle ne pouvait pas, elle n'avait plus de mains, elle n'avait que des moignons. Elle se mit à pleurer. Le bébé lui dit : « Cesse immédiatement de pleurer, crache sur tes mains, oui, crache, ils vont repousser. » Eva fit ce que le bébé lui avait dit de faire et ses mains repoussèrent immédiatement.

Le lendemain, le train arriva à l'heure. Le gérant refusa tout net de faire le relais entre la demande d'Eva et la Direction générale. De quoi aurait-il l'air, déjà qu'on lui reprochait en haut lieu de ne pas savoir tenir son personnel ?

Eva téléphona à la Direction générale, tomba sur une secrétaire qui lui passa immédiatement le Directeur (elle avait dit « Je veux parler à Monsieur Zufferey, c'est urgent et c'est privé »). Le Directeur était de bonne humeur et lui accorda une avance de prime. Eva se confondit en remerciements alors qu'en dedans d'elle, elle pensait : il peut bien le faire, pour lui, ça fait quoi comme différence ?

Elle en était certaine à présent : elle ne finirait pas ses jours comme caissière chez Ufri, ni nulle part ailleurs. Dans un an ou deux, elle s'inscrirait à l'uni. Elle étudierait le droit, pas les lettres. Sa mère l'en dissuaderait mais elle remuerait ciel et terre pour obtenir une bourse ou un prêt sans intérêt. Elle réussirait. Elle en était sûre.

À la fin, sa mère serait fière d'elle. Et sa fille aussi.

CROQUIS COLÈRE DIVAGATION

Stag

COLÈRE 06

Tu es sa dernière chance rossignol chante
chante pour elle n'aie pas peur
ce n'est qu'une femme ordinaire
elle n'a pas d'âge elle est unique elle est multiple
entends comme son cœur bat
vois l'afflux du sang qui embrase
son visage
mais elle ne pleure ni ne crie
quand la douleur lui plante
sa griffe dans la tempe

n'aie pas peur chante pour elle rossignol
chante
ce n'est qu'une veuve ordinaire
dont le corps du mari
jonche quelque part un trottoir de la guerre
elle t'écoute elle t'entend
de son œil gauche de son œil aux abois
sur lequel s'affaisse sa paupière exsangue

n'aie pas peur chante pour elle rossignol
chante
ce n'est qu'une mère ordinaire
dont le fils
a sauté sur une mine
tu vois elle fixe incrédule
de son œil droit grand ouvert
le vide devant elle
tandis qu : sa cuisante
haine de la violence
lui sangle le front de sa lumière

n'aie pas peur chante pour elle rossignol
chante
ce n'est qu'une fille ordinaire
presque encore une enfant
que les soldats
ont violée

vois comme le rouge lui monte
à la face
la honte
pire que les plaies vives
de son ventre saccagé

n'aie pas peur chante pour elle rossignol
chante
ce n'est qu'une pute ordinaire
de celles qu'on importe
pour offrir leur corps à bas prix au mépris
de leur vie
tu vois le pli
désabusé de ses lèvres

son cou raidi
tendu
sa détresse
d'avoir été leurrée ?

chante rossignol
chante pour elle
chuchote-lui à l'oreille des paroles d'espérance
raconte-lui ce soleil
qui au-dessus de toi
veille
n'aie pas peur
chante
ce n'est qu'une femme ordinaire
parmi des milliers d'autres
femmes
hommes
tu les entends ?
invisibles dans la nuit derrière elle
ils approchent ils avancent
chante rossignol
chante
comme elle
ils ne veulent plus
ils ne veulent pas
de ce monde-là

CROQUIS 07

Chaque fois que je passais
devant son balcon
je la voyais
une femme ni jeune ni vieille
assise là
avec un nounours
sur les genoux
je la voyais
et je savais
qu'il ne lui restait plus rien
que d'être là
avec un nounours
sur les genoux
plus rien à penser
penser lui faisait mal
plus rien à aimer
aimer lui faisait mal
plus rien à voir
avec personne
plus rien à entendre
que le rire des passants l'apercevant
assise là
ni jeune ni vieille
avec un nounours
sur les genoux

CROQUIS 17

C'est parce qu'il fallait que la porte soit fermée
à cause du bruit
que le store soit baissé
à cause du jour
que l'espace de cette pièce chauffée par les jets entrecroisés de
lumière
artificielle
soit clos
c'est parce que c'était l'été
c'est parce que le travail nous faisait un peu
transpirer
que par intermittence nos bras s'effleuraient
à contresens
c'est parce que ma tête croisant la tienne s'est trouvée
en amont de la cambrure dorsale de ton vieux tee-shirt
à quelques millimètres
de ta nuque
qu'à cette seconde-là j'ai
en plein labeur ni vu ni connu en une aspiration éperdue humé
ou plutôt sniffé inhalé à m'en défoncer à m'en éclater à en mourir
ton odeur
et puis aussi
à quel moment déjà ?
était-ce après ? avant ?
– comment mesurer le temps
lorsqu'il prend
la fragile dimension du bonheur ? –
il y a eu te rappelles-tu
notre rire
dans un de ces brefs silences de concentration précédant
une mise en œuvre délicate

l'étonnante
détonante minute
où nous avons bruyamment
éclaté de rire au même instant
sans raison
juste du plaisir d'accomplir
ensemble
de la belle ouvrage

tant de temps tant de jours tant de nuits
ont passé depuis
pourtant autant
qu'il m'en souvienne et contrairement
à la chanson
je voudrais que tu le saches
c'est aujourd'hui que la vie m'est plus belle
et le soleil plus brûlant
que même
aux meilleures heures
aux plus déconcertants moments

Adrienne Barmann

BIO-BIBLIOGRAPHIES

Née en 1988 dans le Jura où elle vit, **Léandre Ackermann** a dessiné *L'Odyssée du microscopique* sur un scénario d'Olivier F. Delasalle (La boîte à bulles, 2015). Elle participe depuis à la coordination du fanzine *La Bûche*, qui réunit plus de 70 autrices BD de Suisse romande. Entre bourses de voyage et résidences, elle travaille comme illustratrice indépendante.

La Genevoise **Albertine** dessine pour la presse, réalise des affiches, des objets, et collabore avec le cinéma d'animation et le théâtre. Elle a publié de nombreux ouvrages tant pour la jeunesse que pour les adultes, dont plusieurs en collaboration avec l'auteur Germano Zullo. Leurs albums ont remporté de nombreux prix dont le New York Times Best Illustrated Children's Book Award en 2012, et le Bologna Ragazzi Award Fiction en 2016. Elle expose régulièrement son travail en Suisse et à l'étranger. www.albertine.ch

Romancière, essayiste, **Mary Anna Barbey** a travaillé pendant de nombreuses années comme journaliste spécialisée dans les domaines de la santé sexuelle et de la vie relationnelle. Comme écrivaine et formatrice d'adultes, elle a créé en 1980 les premiers ateliers d'écriture en Suisse romande, activité qu'elle a poursuivie jusqu'en 2018. Elle est l'auteure d'une douzaine d'ouvrages. Aujourd'hui retraitée, elle vit entre Buchillon et

Vaison-la-Romaine.
www.maryanna-barbey.com

Adrienne Barman est née en 1979 au Tessin. Après avoir obtenu son diplôme de graphiste, elle part s'installer en Suisse romande. Elle travaille à son compte en réalisant différents mandats de graphisme, d'illustration et de projets pour l'édition. *Drôle d'encyclopédie* (Éditions La Joie de Lire) a été traduit en une quinzaine de langues et lui a valu le Prix Suisse Jeunesse et Média 2015.
www.adrienne.ch

Sylvie Blondel, romancière, est née à Lausanne. Elle a étudié les lettres modernes à l'Université de Lausanne, puis enseigné le français. Son recueil de nouvelles *Le Fil de soie* (Éditions de L'Aire, 2010) s'inspire de ses voyages. En 2015, elle publie le roman *Ce que révèle la nuit* (Pearlbooksedition), qui relate la vie d'un astronome vaudois du XVIIIe siècle. D'autres textes figurent dans des recueils collectifs, notamment dans *Le Livre des suites* (Éditions L'Âge d'Homme, 2018).

Auteure vivant à Genève, **Laurence Boissier** a écrit plusieurs recueils de textes courts et un roman. *Cahier des charges* (Éditions d'autre part, 2011), *Inventaire des lieux* (Éd. art&fiction, 2017, Prix suisse de littérature 2017) et *Safari* (bilingue français-bernois, traduit par Daniel Rothenbühler, coédition Verlag der gesunde menschen versand et art&fiction, 2019). Publié également en 2017, son roman *Rentrée des classes* a remporté plusieurs prix. Laurence Boissier est performeuse de spoken word au sein du collectif Bern ist überall.

Cofondatrice et responsable de formation à l'Association vaudoise Français en Jeu dans une autre vie, **Anne Bottani-Zuber** consacre aujourd'hui une partie de son temps à l'engagement associatif

(Bibliothèque interculturelle Globlivres, Amnesty international). Elle a publié deux romans et un recueil de nouvelles aux Éditions de l'Aire : *Aline ou les Cahiers de ma mère* (2010 et 2015), *Lumières* (2016), *Désirs et servitudes* (2018), et contribué à divers ouvrages collectifs.

Anne Brécart a passé son enfance et son adolescence à Zurich, avant de déménager à Genève, où elle a suivi des études d'allemand et de philosophie. Elle a exercé l'activité de traductrice littéraire de l'allemand (Gerhard Meier) avant d'enseigner la philosophie et l'allemand au Collège. Elle donne également des ateliers d'écriture. Auteure de six romans et d'un livre pour enfants, son activité lui a valu une large reconnaissance en Suisse romande et ailleurs. Sont parus aux Éditions Zoé : *Les Années de verre* (2002), *Angle mort* (2002 ; Prix Schiller), *Le Monde d'Archibald* (2009, 2011), *La Lenteur de l'aube* (2012, en russe en 2014), *La femme provisoire* (2015) et *Cœurs silencieux* (2017).

Odile Cornuz publie en 2005 un recueil de monologues, *Terminus* (Éditions L'Âge d'Homme, réédition poche en 2013). Suivent, chez d'autre part, deux récits – *Biseaux* (2009) et *Pourquoi veux-tu que ça rime ?* (2014) – puis un volume de prose poétique, *Ma ralentie* (2018). Elle écrit aussi pour la radio et le théâtre ou pour des compositeurs. En 2016, elle a également fait paraître sa thèse de doctorat sur les entretiens d'écrivains chez Droz. www.odilecornuz.ch

Durant ses études de lettres, **Céline Cerny** travaille dans une ONG (Burkina-Faso) et dans un centre d'accueil pour personnes sans-abri. Médiatrice culturelle et autrice, elle a travaillé dans l'édition critique, les archives et a dirigé durant trois ans un projet intergénérationnel autour de l'écriture du souvenir. Dans ce cadre a paru *De mémoire et d'encre. Récits à la croisée des âges* (Éditions

Réalités sociales, 2013). Elle dirige aujourd'hui le Laboratoire des bibliothèques pour la fondation Bibliomedia.En 2015 a paru son premier ouvrage de fiction, *Les Enfants seuls* (Éditions d'autre part). Son dernier livre *On vous attend*, avec Line Marquis, a paru chez art&fiction en 2019.

Mélanie Chappuis est écrivaine, journaliste et chroniqueuse. Née à Bonn, elle a passé son enfance entre l'Amérique latine et l'Afrique de l'Ouest. Elle réside actuellement à Genève. Elle est l'auteur de six romans, deux recueils de nouvelles et deux recueils de chroniques.
www.melaniechappuis.com

Quand elle ne traduit pas, **Sabine Dormond** écrit. Des nouvelles parues chez différents éditeurs suisses, français et belge. Deux micro-romans. Et des articles pour le journal *Bon pour la tête*. L'écriture lui est prétexte à rassembler des gens : elle anime ateliers et débats, cofonde en 2011 un café littéraire baptisé « Les dissidents de la pleine lune » et préside pendant six ans l'Association Vaudoise des Écrivains.
www.recits.ch

Après des études de lettres à l'Université de Lausanne et un mémoire en théâtre contemporain, **Carole Dubuis** a écrit une dizaine de pièces de théâtre et a participé à plusieurs recueils collectifs de nouvelles. Elle est présidente de l'association Tulalu!? pour la promotion de la littérature romande.

Sylviane Dupuis est poète, auteure de théâtre, essayiste et critique. De 2004 à 2018, elle a enseigné la littérature de Suisse romande au Département de français moderne de l'Université de Genève, lui consacrant plus de trente articles ou préfaces, et plusieurs colloques. Prix de Poésie C. F. Ramuz en 1986, elle a publié sept livres de poésie, six pièces de théâtre dont *La Seconde Chute*, Zoé, 1993, traduite en sept langues, *Les Enfers ventriloques*, Prix des Journées de Lyon des Auteurs de théâtre 2004, et *Le jeu d'Ève*, Zoé, 2006. En 2007, elle publie «Écrire pour le théâtre au féminin: l'héritage/l'écart» dans *La place des femmes dans le champ artistique* (A. Fidecaro & S. Lachat, dir.), Antipodes, et en 2013: *Qu'est-ce que l'art? 33 propositions*, Zoé. Dernière parution: *Géométrie de l'illimité* suivi de *Poème de la méthode*, «Poche Poésie», Empreintes, 2019.

Marianne Enckell est traductrice et historienne. Elle anime depuis 1963 le Centre international de recherches sur l'anarchisme (www.cira.ch) à Lausanne et collabore à l'édition des *Cahiers d'histoire du mouvement ouvrier,* de la collection Ethno-doc et de divers ouvrages sur l'anarchisme.

Née en 1991 à Morges, **Chloé Falcy** grandit à Gimel, au milieu de la campagne vaudoise et des livres. Elle étudie les lettres en anglais à l'Université de Lausanne, interrompant ses études pendant une année pour écrire *Balkis*, son premier roman (Prix littéraire Chênois 2017, finaliste du Prix des 5 continents de la francophonie 2018). Aujourd'hui, elle poursuit son travail littéraire, en marge d'activités dans le milieu de l'édition et de la médiation culturelle.

Mirjana Farkas vit et travaille à Genève. Après une licence en histoire, elle suit la formation en illustration de l'Escola Massana de Barcelone. Elle illustre des articles de presse, des affiches et elle travaille sur des projets personnels: livres jeunesse, sérigraphies, expositions collectives, notamment. Son album *Carnet de bal* (Éditions La Joie de lire, 2014) est devenu un spectacle tout public, chorégraphié et dansé par Madeleine Raykov. En 2018 est paru *Dans mon corps…* (La Joie de lire), une promenade à l'intérieur de l'enfant, émotionnelle plutôt qu'anatomique.
www.mirjanafarkas.com

Auteure, poétesse, artiste sonore et visuelle, performeuse, **Heike Fiedler** a grandi à Düsseldorf et vit et travaille à Genève, où elle a obtenu son MA et un certificat Études Genre. Elle a signé *langues de meehr* et *sie will mehr* (Éditions spoken script, 2010 et 2013), *mondes d'enfa()ce* (Zoé, 2015), ainsi que de nombreuses publications dans des anthologies, revues littéraires et sur CD. Son premier roman, *Inside*, sort en 2020 chez Encre Fraîche. Depuis 2000, elle participe régulièrement aux festivals de poésie et de littérature, parfois de musique, en Europe et sur les autres continents. www.realtimepoem.com

La passion pour la littérature bas de page, l'histoire des femmes et celle des démunis ont amené **Ursula Gaillard** à se consacrer à la recherche historique, à l'écriture et à la traduction après plusieurs années d'enseignement. Auteure de deux récits, d'une étude sur les attitudes devant le contrôle des naissances et l'avortement en Suisse au début du xxᵉ siècle réalisée avec Annik Mahaim, d'un essai intitulé *Mieux qu'un rêve, une grève*, écrit à l'occasion de la grève des femmes de 1991, elle a traduit, dans le domaine littéraire, des œuvres de Niklaus Meienberg, Hugo Loetscher, Peter Bichsel, Franz Hohler, Jürg Schubiger, Ernst Burren, Pedro Lenz et Irena Brežna. Elle a obtenu le Prix Oertli en 2016 pour l'ensemble de ses traductions.

Claire Genoux vit à Lausanne. Elle est l'auteure de plusieurs livres de poésies et de prose, notamment *Saisons du corps* (Prix Ramuz de poésie 1999) aux Éditions Empreintes et *Lynx* aux Éditions Corti (roman, 2018). Claire Genoux enseigne à l'Institut littéraire suisse à Bienne.

Enseignante à Vevey, **Marie-Claire Gross** écrit et participe à des projets autour des mots (ateliers d'écriture, lectures…). *Relier les rives* (2016) et *5 minutes 44* (2018), ses deux romans parus chez

Bernard Campiche Éditeur, sont traversés par le mouvement, les sensations. Ils font la part belle à des personnages forts et vulnérables, des femmes souvent, en quête de liberté.

Écrivaine, chroniqueuse et scénariste née à Fribourg, **Marie-Christine Horn** a signé son premier roman policier, *La Piqûre*, en 2006. Son deuxième ouvrage, *School Underworld et les Ondes maléfiques*, une fiction jeunesse parue en 2008, obtient le Prix des Jeunes Lecteurs de Nanterre 2009. Elle est aussi l'auteure de *La Toupie : vivre avec un enfant hyperactif* (Xenia, 2011), *Le Nombre de fois où je suis morte* (Xenia, 2012), *Tout ce qui est rouge* (L'Âge d'homme, 2015), *24 Heures* (BSN Press, 2018). *Le Cri du lièvre* (BSN Press, 2019) est son dernier roman.

Nadine Mabille, écrivaine suisse romande née en 1944, vit à Rances dans le Nord vaudois. Pendant plusieurs années elle a écrit pour la Radio suisse romande : nouvelles, billets d'humeur, textes dramatisés, théâtre. Elle a également collaboré à différentes revues pour lesquelles elle a écrit des textes littéraires. À partir de l'an 2000 elle a publié quatre romans et un recueil de nouvelles aux Éditions Monographic. Elle a également participé à deux ouvrages collectifs.
www.nadinemabille.ch

Annik Mahaim poursuit une œuvre de fiction multiforme, nouvelles, récits autobiographiques, chroniques. Son récent roman, *La Femme en rouge*, a remporté la Bourse à l'écriture du Canton de Vaud 2016 ; son premier roman, *Carte blanche*, a été couronné en 1991 par le Prix de la Bibliothèque pour tous. Elle anime par ailleurs des ateliers d'écriture. En ce moment, elle est plongée dans l'univers des jeux video. Si elle ne sombre pas dans l'addiction massive, ça fera un livre.
www.annikmahaim.ch

Anne Pitteloud est responsable de la rubrique littéraire du quotidien indépendant *Le Courrier* depuis 2002. Membre de plusieurs commissions et jurys littéraires, elle a publié le recueil de nouvelles *En plein vol* (Éditions d'autre part, 2016), l'ouvrage de critique littéraire *Catherine Safonoff. Réinventer l'île* (Éditions Zoé, 2017), ainsi que des nouvelles et poèmes dans des revues et livres collectifs. Tous ses livres sont publiés aux Éditions Zoé à Genève.

Amélie Plume est née à La Chaux-de-Fonds en 1943 dans un milieu traditionnel, où les questions concernant la condition des femmes n'existaient pas. Cette oppression muette, ainsi que le désir de la fuir, sont à la source de son écriture. Elle a publié de nombreux récits romancés, proches de l'autofiction, dans un style enlevé, sur un ton mêlant drôlerie et tragique, rêve et perte.

Silvia Ricci Lempen est née en 1951 à Rome. Elle vit en Suisse romande depuis sa jeunesse et écrit en français et en italien. Docteure en philosophie, journaliste, enseignante et féministe engagée, elle se consacre depuis de nombreuses années principalement à l'écriture littéraire, remportant plusieurs prix, dont le Prix Michel-Dentan pour son récit autobiographique *Un Homme tragique* (L'Aire, 1991) Son septième roman – *Les Rêves d'Anna* – est sorti en avril 2019 en version française aux Éditions d'en bas et sortira en version italienne chez Vita Activa d'ici fin 2019.
www.silviariccilempen.ch

Mélanie Richoz est ergothérapeute, chroniqueuse, nouvelliste et romancière. Depuis 2010, elle publie une dizaine de livres, la plupart aux Éditions Slatkine : *Tourterelle* (2012), *Mue* (2013), *Le Bain et la douche froide* (2014), *J'ai tué papa* (2015), *Un garçon qui court* (2016) et *Le Bus* (2018). Elle copublie également deux

ouvrages professionnels à propos de l'autisme dont *Le Groupe et moi* (Upbility, 2019).
www.melanierichoz.wordpress.com

Diplômée de l'Institut littéraire, **Antoinette Rychner** écrit du théâtre et de la prose. En 2015 paraît son roman *Le Prix*, chez Buchet Chastel, qui lui vaut le Prix Dentan 2015, et un Prix suisse de littérature 2016. Elle conçoit aussi son rôle au cœur des arts vivants, à travers des lectures et rencontres publiques régulières, des résidences d'autrice, ou par la production de performances scénico-littéraires.
www.toinette.ch/

Marina Salzmann est née à Vevey dans le canton de Vaud. Elle a grandi à Nyon puis au Tessin. Après avoir voyagé et pratiqué divers métiers, elle s'installe à Genève où elle commence des études de lettres. Elle collabore parfois avec des musicien-ne-s, des artistes, ou des poètes sonores. En 2008, elle cofonde la revue *coaltar*. Son recueil de nouvelles *Entre deux* paraît en 2013. Il lui vaut le Prix Terra Nova de la fondation Schiller, et la bourse Anton Jaeger. *Safran,* un deuxième recueil, est publié en 2015, suivi d'un roman, *La Tour d'abandon,* en 2018, chez Bernard Campiche Éditeur.

Isabelle Sbrissa est poète et auteure de théâtre. En 2013 elle fonde les éditions disdill, micro-édition de poésie, et en 2014 el'e invente, avec Nathalie Garbely, LE KHADIE, une bibliothèque itinérante et multilingue de poésie contemporaine qui propose régulièrement des lectures collectives. Son dernier livre, *Ici là voir ailleurs*, est paru en 2018 aux Éditions Nous.

Née en 1985 à Genève, **Aude Seigne** a publié *Chroniques de l'Occident nomade* (Prix Nicolas-Bouvier 2011), *Les Neiges de Damas* (2015) et *Une toile large comme le monde* (2017). Depuis

2016, elle se consacre pleinement à l'écriture individuelle ou collective. Elle est membre du collectif AJAR et coécrit la série littéraire *Stand-by* avec Bruno Pellegrino et Daniel Vuataz. www.audeseigne.com

Joëlle Stagoll est née à Aigle en 1940 et est décédée à Lausanne le 20 février 2016. Piémontaise de la troisième génération, elle est mère de deux filles. Après des études de lettres à l'Université de Lausanne, elle travaille aux Archives cantonales vaudoises, tient plusieurs rôles au théâtre (notamment au Théâtre de Carouge et au Théâtre Création sous la direction d'Alain Knapp) et collabore activement à l'Association Lire et Écrire. Passionnée de la scène et d'improvisation, elle est également l'auteure de neuf romans parus aux Éditions de l'Hèbe : *Anka* (2004), *Par-dessus le toit* (2004), *Rira aux larmes* (2004), *Dans le dos du temps* (2004), *Le cri de Conrad Heim* (2006), *Le train où va la vie* (2009), *Le bleu des bruyères* (2009), *L'étoile à mille branches* (2011) et *L'huître* (2014). Depuis 2006, Joëlle Stagoll a slamé sur les scènes romandes sous le pseudonyme de Stag.

Comédienne et chanteuse **Yvette Theraulaz** s'est illustrée dans plus d'une centaine de pièces de théâtre. Elle a écrit des spectacles musicaux dont *Se faire Horizon*, *Rien ne me manque sauf moi-même*, *Comme un vertige*, *Les Années*, *Histoires d'elles*, *Histoires d'ils*, *Ma Barbara*, *À table* (en collaboration avec Pascal Auberson). *À tu et à toi*, qui ont fait l'objet de double CD, douze au total. Elle a travaillé en Suisse en France et en Belgique. Elle a tourné ses spectacles en Europe et au Québec. Elle a reçu plusieurs prix dont l'Anneau Hans Reinhard la plus haute distinction théâtrale Suisse. www.yvettetheraulaz.ch

Née à Morges en 1982, **Lolvé Tillmanns** grandit dans la campagne vaudoise. Spécialiste du secteur énergétique, elle travaille dans ce domaine pendant cinq ans. Elle présente sa démission pour se lancer tout entière dans la littérature en 2011. Elle a publié quatre romans *33, rue des Grottes*, *Rosa* (prix Ève 2016), *Les Fils* et *Un amour parfait*. Elle a également gagné deux bourses : en 2013 afin d'écrire trois mois à Gênes et, en 2017, pour une résidence de six mois à Buenos Aires.

www.lolvetillmanns.ch

Fanny Vaucher est autrice de bande dessinée et illustratrice, basée à Lausanne. Elle a publié plusieurs albums, dont les deux volumes de *Pilules polonaises* (Éditions Noir sur Blanc) et, plus récemment, *Les Paupières des poissons* (Éditions La Plage). Elle est cofondatrice du fanzine non mixte de BD *La Bûche*. Ses projets privilégient souvent l'ancrage dans le réel, les thèmes historiques et sociaux, et le partage de savoirs.

www.fixement.com

Poète née à Lausanne en 1953, **Laurence Verrey** publie recueils poétiques et proses, et livres d'artiste en collaboration avec divers peintres. En 2013, elle crée l'association Poésie en Mouvement POEM, et initie, dès 2015, les Salves poétiques à Morges, un événement qui rassemble autour de la création poétique des jeunes et des poètes renommés de la francophonie.

www.poesieenmouvement.ch

Fanny Wobmann est née en 1984 et vit à Neuchâtel. Elle est membre fondatrice du collectif littéraire AJAR et de la compagnie de théâtre Princesse Léopold, avec lesquels elle développe de nombreux projets. Son deuxième roman, *Nues dans un verre d'eau*, (Flammarion, 2017) a remporté le Prix Terra Nova de la Fondation Schiller et est maintenant traduit en allemand (Limmat Verlag, 2018).

Rachel Zufferey a grandi à Neuchâtel. De son amour de l'écriture naît la romanesque *Trilogie de Sutherland*, saga historique saluée par la critique et le public. Spontanée et pleine de vie, Rachel est une « touche-à-tout » qui cherche à explorer d'autres univers littéraires. C'est ainsi qu'apparaît *Le Club*, sa première romance contemporaine, brûlante passion où se mêlent l'art et les affaires. www.facebook.com/rachelzuffereyauteur

Achevé d'imprimer
sur les presses de
Yenooa
La Roque d'Antheron
France
août 2019